Christophe Renault

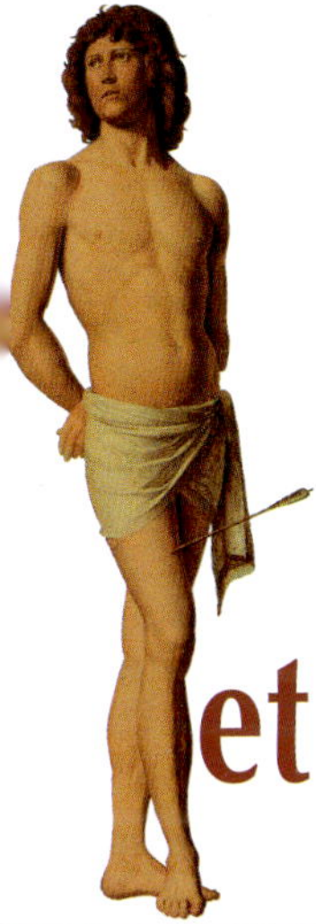

Les saints et leurs attributs

Photographies de Jean-Paul Gisserot et de Christophe Renault
sauf mention contraire.

Saint Sébastien (début XVIe), par Cima da Conegliano © M.b.a. de Strasbourg - Bas-Rhin.
Saint Jean-Baptiste (XVIIIe), Église de Saint-Jean-Saverne - Bas-Rhin.

Éditions Jean-Paul Gisserot
www.editions-gisserot.eu

Des saints de plus en plus nombreux

En vignette : Hippolyte Flandrin, L'Adoration des Mages (1857).
© M.b.a. de Quimper - Finistère.

La représentation imagée de la Bible et des saints a constitué un moyen efficace pour enseigner la foi et la morale chrétienne dès le début du christianisme.

Ce principe pédagogique a été rapporté par saint Grégoire le Grand dans une lettre de 599 à l'Evêque de Marseille Sereno : « La peinture est utilisée dans les églises parce que les analphabètes, au moins en regardant sur les murs, lisent ce qu'ils ne sont pas capables de déchiffrer sur les manuscrits ».
Dans notre monde moderne où l'image est omniprésente, l'Église a encore besoin de l'art pour transmettre le message que le Christ lui a confié et rendre comme aux premiers jours, perceptible et fascinant, le monde de Dieu. (*Lettre du pape Jean-Paul II aux artistes* - 4 avril 1999, Pierre Téqui éditeur)

▸ Le culte des saints

▪ Le culte des saints est apparu entre la fin du IIe siècle et le début du IIIe siècle. Des célébrations étaient organisées autour de leurs tombeaux en souvenir de leurs martyres. Dans un premier temps clandestin, le culte est devenu officiel après l'arrêt des persécutions

Cierges déposés au sanctuaire de Fatima destinés au culte de la Vierge - Portugal.

en 313 : Constantin donna l'ordre de construire une basilique sur la tombe de Pierre et en 590, une crypte était aménagée pour faciliter le flux des pèlerins. Ce culte des saints provoqué, dirigé et encouragé par l'Église s'est développé durant tout le Moyen Âge engendrant de nombreux pèlerinages. Chaque monastère avait sa relique et attirait de nouveaux pèlerins.

▪ Un premier souci d'identification est apparu au Ve siècle (La clef de saint Pierre – Rome, Ve siècle, l'agneau d'Agnès – mosaïques de Ravenne, VIe siècle). Puis, il est devenu réellement présent à partir du XIe siècle à travers l'iconographie des chapiteaux romans. Les tympans étaient réservés au Christ. À la fin du XIIe siècle, on réservait à la façade des cathédrales gothiques un portail entier, parfois même plusieurs aux saints du diocèse.

Saint Pierre, Saint-Pierre-aux-Liens, Rome - Italie.

Dévotion à sainte Anne durant la cérémonie religieuse d'un mariage en Bretagne. © Frantz Guyomarc'h.

Distinguer chacun de ces innombrables saints devenait alors nécessaire grâce à une héraldique hagiographique élaborée par les artistes.

▸ Comment identifier les saints

On en est venu ainsi à distinguer les saints par leurs caractéristiques et leurs attributs.

▪ Par caractéristique, il faut entendre le type physique d'un saint (la tonsure de saint Pierre, la calvitie de saint Paul, la taille gigantesque de saint Christophe) ou son costume traditionnel (la tunique en poils de chameau de saint Jean-Baptiste...).

▪ Un attribut est au contraire, quelque chose d'ajouté au personnage : soit un objet qu'il tient à la main (la clef de saint

Pierre, l'épée de saint Paul), soit un animal qui l'accompagne (l'agneau de saint Jean-Baptiste ou de sainte Agnès...).

Les attributs se classent en trois catégories : universels, génériques ou individuels.

• Le type de l'attribut universel est le nimbe. A l'origine le nimbe était la couronne auréolant le dieu du soleil. Dès la première moitié du IVe siècle, l'art chrétien représente le Christ nimbé. Le premier saint à apparaître nimbé fut Laurent au milieu du Ve siècle, dans une mosaïque du Mausolée de Galla Placidia à Ravenne.

Sainte Marguerite (XIIIe), église d'Écouis - Eure.

• Par attributs génériques, nous entendons des attributs collectifs s'appliquant seulement à certaines catégories de saints. C'est ainsi que la palme et la couronne désignent les martyrs ; le lis, les vierges ; la mitre et la crosse, les évêques ; le livre des Évangiles, les diacres et les Docteurs de l'Eglise ; la couronne et le globe, les saints rois ; le glaive ou la lance, les saints militaires ; une tête coupée, les céphalophores ; un modèle d'église, les saints fondateurs.

• Les attributs individuels sont extrêmement nombreux dans l'art occidental. Peu à peu tous les saints du calendrier ont été pourvus d'un ou de plusieurs attributs permettant à des yeux exercés de les identifier à première vue.

▸ Comment sont nées les légendes hagiographiques ?

Depuis Cesare Ripa (1560 - vers 1623) et son ouvrage *Iconologia* (1593), l'iconographie a fait l'objet d'études importantes afin d'aider à l'interprétation des images. Depuis, sont venus Emile Mâle, Louis Réau et son Iconographie de l'art chrétien en 6 volumes et dernièrement Xavier Barral avec l'indispensable Dictionnaire critique d'iconographie occidentale. Mais c'est Louis Réau qui identifie de façon la plus exhaustive les sources de la création des légendes hagiographiques. Nous en reprenons ici succinctement les lignes essentielles.

La littérature comme source d'inspiration pour les artistes

En vignette : Saint Pierre et saint Paul (début XVIIe), par José de Ribera, © Musée de l'Œuvre Notre-Dame de Strasbourg - Bas-Rhin.

▸ Hagiographie édifiante

• Le Nouveau Testament

C'est dans les Évangiles et principalement dans les Actes des Apôtres que les artistes du Moyen Age ont trouvé les éléments d'une iconographie des premiers disciples du Christ.

• Les martyrologes

Ce sont des recueils de martyrs et aussi de confesseurs reconnus comme saints.

• Les panégyriques

Ils relèvent de la rhétorique beaucoup plus que de l'histoire. La plupart des *Vitae* ont été écrites pour appuyer des procès de canonisation. Ce sont en fait des plaidoyers. Ces panégyriques étaient très à la mode au Moyen Âge.

• La Légende dorée

Cette célèbre légende a été compilée vers 1280 par un Dominicain italien, l'archevêque de Gênes Jacques de Varazze (1230-1290), plus connu sous le nom de Jacques de Voragine.

Ces histoires naïves et charmantes ont enchanté le Moyen Age. Les artistes se sont énormément inspiré de ce conte pour la création de leurs oeuvres.

Saint Pierre marchant sur les eaux (1545), par Giorgio Vasari, © M.b.a. de Dijon - Côte-d'Or.

▸ Hagiographie critique

Les diverses publications scientifiques de l'époque moderne et contemporaine comme celles des Jésuites de la Congrégation des Bollandistes n'ont exercé aucune influence sur l'iconographie des saints selon Louis Réau.

Les légendes créatrices d'images

En vignette : Le dragon de sainte Marguerite (XVIIe), église de Lampaul-Guimilau - Finistère.

▸ L'INFLUENCE DES MOTS

Les attributs, les patronages ou encore les légendes des saints viennent parfois des noms que portent les saints.

• Les noms créateurs de légendes

En baptisant le pêcheur galiléen « Simon » du nom de Pierre, Jésus le marquait à l'avance pour être la pierre fondamentale de son Église. Concernant saint Christophe qui signifie porte-Christ, on en a déduit qu'il avait porté l'Enfant Jésus non seulement dans son cœur, mais qu'il l'avait également chargé sur ses épaules pour lui faire passer un fleuve.

Sainte Odile, Mont-Sainte-Odile - Bas-Rhin.

• Les métaphores

Les non-croyants sont qualifiés d'aveugles et lorsqu'ils se convertissent, leurs yeux s'ouvrent à la lumière. On a confondu ici, cécité spirituelle et cécité physique. Sainte Odile d'Alsace qui était née aveugle, c'est-à-dire païenne, sera guérie par le baptême. Le baptême est représenté ici comme une véritable résurrection.

Les métaphores du démon de l'idolâtrie avec un dragon et celle de l'âme qui monte vers Dieu (matérialisée par une colombe) sont également utilisées.

• Les jeux de mots

Vincent est le patron des vignerons et des marchands de vin. Rien, selon Louis Réau ne justifie ce patronage sinon, comme le souligne P. Cahier, un calembour sur le nom de Vincent. La première syllabe du prénom du saint est vin et la seconde sang. On parle ici du vin-sang de la vigne.

• Les patronages

Il est naturel d'invoquer les saints qui ont éprouvé les mêmes disgrâces et qui en ont triomphé.

On s'adresse à sainte Claire, ou à sainte Lucie lorsqu'on souffre des yeux car le nom évoque l'idée de lumière. Les sourds se confient à saint Aurélien ou à saint Ouen parce qu'Aurélien, dont la forme populaire est Aureille, fait penser à oreille et Ouen à Ouïe.

Les images créatrices de légendes

En vignette : Empreinte du visage du Christ, jubé de Saint-Pierre-le-Jeune protestante à Strasbourg (XIVe et XVIIe siècles) - Bas-Rhin.

Saint Gilles (XIVe siècle),
musée de Dinan - Côtes-d'Armor.

L'archéologue Clermont-Ganneau appelle ce phénomène la mythologie optique : « L'image, n'est pas toujours la traduction du mythe. Il est plus souvent la traduction de l'image. » On sent ici l'influence des œuvres d'art sur la création des légendes. Les contre-sens iconographiques ont une part aussi importantes que les contre-sens littéraires dans l'hagiographie.

▪ On avait l'habitude de représenter un cerf à côté de saint Hubert et à côté de saint Gilles, une biche. C'était une façon d'exprimer que ces saints avaient vécu en ermites, dans la solitude des forêts, en compagnie de bêtes sauvages que leur douceur avait apprivoisées. C'est pour expliquer ces emblèmes devenus mystérieux qu'on forgea les légendes du cerf crucifère et de la chasse de saint Hubert.

▪ La foudre tomba près d'Érasme qui fut épargné grâce à un prodige. Plus tard, les marins se mirent sous la protection d'Érasme pour se prémunir des dangers de la foudre. Le saint reçut pour attribut : « un cabestan avec un câble enroulé ». Certains habitants de régions éloignées de la mer prirent les câbles et le cabestan pour des intestins dévidés sur un treuil.

▪ Il ne faut pas oublier non plus que tels métiers ou tels sports inconnus au Moyen Age ont dû se chercher des patrons. Les cyclistes honorent sainte Catherine à cause de sa roue. Les photographes se tirèrent d'affaire en empruntant aux lingères sainte Véronique qui fixa sur un linge l'empreinte du visage du Christ.

Les clercs créateurs de légendes

En vignette : Le lion de saint Jérôme, par Le Cavalier d'Arpin, (fin XVIe-début XVIIe), © M.b.a. de Brest - Finistère.

▸ LES CLICHÉS HAGIOGRAPHIQUES

Les légendes hagiographiques ressemblent parfois aux contes populaires, abusant des clichés et des lieux communs.

• Passion des martyrs

Les hagiographes reproduisent comme un calque le modèle presque invariable de la passion des martyrs. Il y a deux personnages principaux : le juge et l'accusé. Le scénario se divise en deux actes : une joute oratoire, suivie de tortures que le martyr supporte sans peine, se termine généralement par la décapitation.

• Tentations et mortifications des ascètes

Avec la fin des persécutions, le chrétien ne peut plus offrir à Dieu la preuve de son amour par le sacrifice de sa vie. Il renonce alors aux tentations du monde et se retire dans la solitude. La nourriture, l'hygiène, le sommeil et le sexe font partie de ses renoncements. La femme devient souvent à ce moment le meilleur instrument de Satan. Après s'être infligé quelques souffrances humiliantes, les ascètes triomphent toujours des tentations grâce à l'aide de Dieu.

• Apostolat (travail, tâche) des évêques

L'évêque exorcise très souvent un dragon en lui passant autour du cou son étole, symbole de la force du Seigneur. Le diocèse est ainsi protégé de l'idolâtrie.

• Vie édifiante des saintes

Toutes les vierges sont poursuivies par un prétendant. Elles prennent vite la fuite par pudeur, devant le soupirant qui prétend ravir à Dieu leur virginité. Elles sont ensuite conduites au lupanar pour être violées et livrées au bourreau.

La Tentation de saint Antoine (XIXe), par Louis Leray, © M.b.a. de Lons-le-Saunier - Jura.

• **Les miracles passe-partout**

Les hagiographes disposent d'une série de miracles passe-partout faisant de la vie du saint une succession de miracles. Un des plus courants est celui de l'animal sauvage qui devient docile.

• **Les miracles de substitution**

Il existe également les miracles de substitution de personnes ou de transformation d'aliments.

Sainte Élizabeth de Hongrie, par exemple couche un lépreux dans le lit conjugal. Son Mari soulève la couverture et découvre à la place du lépreux Jésus crucifié.

Elle dérobait par charité des aliments dans la cuisine du palais pour les donner aux pauvres. Surprise par son beau-frère, elle montre dans un pan de sa robe des roses qui avaient remplacé les morceaux de pain.

• **Les miracles de reliques**

La liquéfaction du sang des martyrs devient un phénomène courant, comme celui de saint Janvier qui se liquéfie dans une ampoule conservée à la cathédrale de Naples.

Élisabeth de Hongrie (XIXe), église Notre-Dame de Versailles - Yvelines.

▸ Le plagiat

• **Emprunts à l'Ancien Testament**

Le miracle de la baguette fleurie de Joseph, grâce auquel il l'emporte sur les plus jeunes prétendants de la Vierge Marie, est un emprunt au Pentateuque : (mot grec qui signifie « cinq rouleaux » et désigne les cinq premiers livres de la Bible – Genèse, Exode, Lévitique, Nombres, Deuteronome) où Aaron est désigné pour prendre les fonctions de grand-prêtre.

• **Ressemblance des saints avec le Christ**

Les hagiographes ont modelé le visage des saints sur l'image du Christ. Cette assimilation vient de Jésus lui-même

Chapelle Saint-Michel Lambris peints (1675), Douarnenez - Finistère. © Royer-Bigot.

lorsqu'il s'adressa à ses disciples (Marc, 16, 18) : « Ceux qui auront cru accompliront des miracles : ils chasseront les démons en mon nom, ils prendront les serpents avec la main et s'ils boivent quelque breuvage mortel, il ne leur fera point de mal ».

La fuite en Égypte (XIe),
Saint-Benoît-sur-Loire - Loiret.

• Ressemblance des saintes avec la Vierge Marie

Pendant la Fuite en Égypte, la Vierge et l'Enfant poursuivis par les soldats d'Hérode, furent sauvés par un miracle. Un paysan qui les vit passer était en train de semer son blé ; quand les soldat arrivèrent, le blé était mûr. Pensant les fugitifs déjà loin, ils abandonnèrent la poursuite. Le miracle des blés est calqué sur la légende de sainte Radegonde, avec la seule différence qu'il devient le miracle des avoines.

• Emprunts aux vies d'autres saints

On a forgé la légende de saint Julien l'Hospitalier « le passeur de Jésus

Christ », qui le transporte dans sa barque sur celle de saint Christophe, « le porteur du Christ », qui lui fait passer un gué sur ses épaules.

• La surenchère hagiographique

Les monastères détenteurs de reliques, dans un bon esprit de concurrence, se sont livrés à un exercice d'exagération pour faire de leur saint patron un super héros. Il est l'auteur de miracles étonnants et plus extraordinaires encore que ceux du saint concurrent du monastère rival.

▸ LA FRAUDE

Afin de profiter des offrandes des pèlerins, les clercs n'ont pas hésité à recourir à la fraude hagiographique.

• Fondations antidatées

De fausses chartes de fondation ont été inventées afin d'antidater la création d'un monastère. Une abbaye importante devait être la plus ancienne possible par rapport à sa rivale. Parfois, même le saint du diocèse avait connu Jésus et était directement mandaté par lui : saint Sernin aurait assisté au baptême du Christ et saint Servais, neveu de saint Anne, aurait joué avec l'enfant Jésus par exemple.

• Authentification de fausses reliques

De fausses reliques ont été authentifiées afin d'assurer une source de revenus importants aux églises et abbayes et attirer ainsi un nombre conséquent de pèlerins.

Reliquaire de saint Sernin en argent repoussé du début du XIIIe siècle, crypte de Saint-Sernin, basilique Saint-Sernin à Toulouse - Haute-Garonne.

En vignette : La Sainte Famille (1686), par G. Blanchard, © M.b.a. de Tours - Indre-et-Loire.

Agathe († v. 251) : Agathe était une jeune vierge de la noblesse sicilienne. Quintien, le préfet romain de l'île, tenta de la contraindre de vivre avec lui. Consacrée à Dieu, elle refusa. Il la jeta en prison et comme elle ne reniait pas sa foi, il la fit torturer. Son martyre consista en l'amputation de ses seins que son bourreau lui arracha avec des tenailles. La nuit suivante, saint Pierre, ou parfois un ange, vint lui rendre visite pour la guérir de ses blessures. Agathe fut conviée une nouvelle fois à adorer les dieux après l'intervention de saint Pierre. Elle refusa. Quintien ordonna que la jeune fille fut roulée nue sur des tessons recouverts de charbons ardents. Un tremblement de terre survint et causa de nombreux dégâts. Agathe mourut après cette épreuve. Un an après, le jour de la sainte Agathe, une éruption volcanique provoqua la panique sur la ville. Les habitants se précipitèrent vers le tombeau de la sainte, prirent le voile dont il était recouvert et le placèrent devant le feu qui s'arrêta. Agathe est depuis invoquée contre le feu, les éruptions volcaniques, la foudre et les tremblements de terre. Attributs et signes représentatifs : couteau, peigne(s) à carder, plat avec deux seins coupés, torche enflammée.

Sainte Agathe (XVe), église Saint-Augustin, San Gimignano - Italie.

Agnès († v. 350) : Agnès fut retrouvée entièrement nue dans une maison close. Âgée de treize ans, elle préféra le martyre afin de conserver sa virginité qu'elle préserva grâce à sa longue chevelure qui recouvrait son corps. Après sa mort, Agnès apparut à ses parents au milieu d'un chœur de vierges. Elle avait à sa droite, un agneau. Son nom vient de l'adjectif grec « agnè » qui signifie pur ou chaste. Attributs et signes représentatifs : agneau, cheveux longs, épée du martyre, flammes.

Albert le Grand (v. 1207-1280) : Albert le Grand était l'évêque de Ratisbonne de 1260 à 1262. Il était enseignant et fut le maître du futur Thomas d'Aquin. Albert avait une passion pour l'œuvre d'Aristote. Le saint est aujourd'hui docteur de l'Église. Attributs et signes représentatifs : crosse d'évêque, livre.

Sainte Agnès (XIIIe), église d'Écouis - Eure.

Ambroise de Milan (v. 339-397) : Ambroise fut nommé évêque de Milan en 373. La légende associe la douceur de l'éloquence du saint au miel. En vieux français on employait la forme « ambroise » au lieu d'« ambroisie », qui était une nourriture des dieux immortels, qu'on associait au miel. Ambroise passe pour avoir transmis au Moyen Âge, l'héritage culturel de l'Antiquité. Les artistes le représentent parfois, armé d'un fouet, chassant les peuples du nord, responsables de la chute de Rome. Auteur d'un Commentaire de l'Évangile de saint Luc, le saint est aujourd'hui docteur de l'Église. Attributs et signes représentatifs : abeilles, bébé, crosse d'évêque, fouet, livre, ruche.

André - Apôtre (Ier siècle) : André fut le premier Apôtre à suivre Jésus. Il est le frère aîné de Pierre qui était comme lui, pêcheur sur le lac de Tibériade. André prêchait en Achaïe où il convertit un grand nombre de personnes à la foi du Christ. Le proconsul Égée, face au succès d'André, vint à Patras afin de convaincre les chrétiens de sacrifier aux idoles. Égée dit à André que Jésus prêchait des sottises et qu'il a été crucifié. André lui répondit que c'était pour nous racheter et non pour des crimes, qu'il a bien voulu souffrir le supplice de la croix. Égée le menaça de lui faire subir le même supplice s'il ne se soumettait pas. André fut crucifié comme le Christ et prêcha du haut de sa croix à la foule qui l'entourait. Attributs et signes représentatifs : clous, croix, croix en forme de X, filet de pêcheur, poissons.

Saint André (XIIe), église Saint-André, Besse-et-Anastaise - Puy-de-Dôme.

Anne, mère de Marie (Ier siècle) : Anne était l'épouse de Joachim. Le couple était stérile et ce malheur était considéré à l'époque comme une malédiction divine. Malgré tout, le couple âgé donna naissance à Marie. Cette naissance fait partie des naissances miraculeuses. Les artistes ont généralement représenté Anne initiant sa fille Marie à la lecture. Attributs et signes représentatifs : livre, livre ouvert, lys.

Sainte Anne, la Vierge et l'Enfant-Jésus (XVIe), Trésor de la basilique, Sainte-Anne-d'Auray - Morbihan.

Antoine de Padoue (1195-1231) : Un juif refusait de croire en la présence du Christ dans l'Eucharistie. Il promit d'y croire à condition qu'une mule placée entre un picotin d'avoine et une hostie choisisse de s'incliner devant le saint sacrement. Antoine, grâce à ses prières, obtint de la mule le choix de l'hostie. Le juif se convertit aussitôt. Antoine était le plus grand prédicateur que le Moyen Âge ait connu. La légende dit qu'un jour il prêcha aux poissons et leur donna la bénédiction. Cet épisode doit être mis en relation avec celui de saint François prêchant aux oiseaux. Attributs et signes représentatifs : livre portant le Saint-Enfant, lys, mule, poissons.

Saint Antoine de Padoue, trésor de la cathédrale de Porto - Portugal

Antoine le Grand (v. 251-356) : Antoine se retira très vite au désert. Croyant qu'il était le premier ermite, il fut averti en songe que saint Paul était le premier. Il chercha à rencontrer Paul qui refusa de le recevoir une première fois. Quand il accepta de lui ouvrir sa cellule, les deux saints se jetèrent dans les bras l'un de l'autre et s'embrassèrent. Lorsque l'heure du repas arriva, le corbeau qui apportait le demi pain quotidien du saint doubla la ration afin de nourrir l'hôte attendu. La Légende dorée rapporte les paroles de saint Antoine le Grand parlant de la retraite : « Celui qui une fois entré en solitude y reste est délivré de trois ennemis : l'ouïe, le parler et la vue. Il ne lui en reste plus qu'un à combattre : c'est son cœur ». Il vécut, dit-on, solitaire dans une grotte jusqu'à l'âge de 105 ans. L'ordre des Antonins était connu pour accueillir les malades atteints de maladies contagieuses comme : la peste, la lèpre, la gale, ou le mal des ardents (feu de saint Antoine). Le lard était un remède contre ce mal. Les plaies en étaient enduites afin de soulager les brûlures des malades. C'est pour cela qu'un cochon accompagne généralement saint Antoine. Attributs et signes représentatifs : clochette, cochon, corbeau, femme nue, feu de saint Antoine, grotte, pains, sanglier, tau, torche enflammée.

Saint Antoine (XVIe), église de Locronan - Finistère.

Augustin d'Hippone (354-430) : Augustin fut consacré évêque d'Hippone en 395. Un enfant apparut à Augustin qui méditait au bord de la mer sur le mystère de la Trinité. Cet enfant chercha à vider la mer à l'aide d'une coquille.

Saint Augustin - le mystère de la Trinité (XVe), par Benozzo Gozzoli, église Saint-Augustin, San Gimignano - Italie.

Cette anecdote voulait démontrer qu'une explication du Mystère de la Trinité était tout aussi dérisoire que de vouloir vider la mer. Augustin était théologien et auteur de livres importants, dont les *Confessions*, les *Méditations* ou encore La *Cité de Dieu*. Sa conversion eut lieu dans son jardin, où il entendit la voix d'un enfant qui lui dit : « Tolle, lege », « Prends et lis ». Il ouvrit au hasard une page de l'Épître de saint Paul aux Romains qu'il avait avec lui et lu les versets 12 et 14 du chapitre VIII : « [...] nous ne sommes point redevables à la chair, pour vivre selon la chair [...] tous ceux qui sont poussés par l'Esprit de Dieu sont enfants de Dieu ». Dans ses diverses représentations, saint Augustin porte son cœur dans la main, ou sur sa poitrine (parfois percé d'une ou plusieurs flèches) : « Tu avais blessé mon cœur des flèches de ton amour » - IXe livre de ses Confessions. Attributs et signes représentatifs : cœur enflammé, coquille, crosse d'évêque, enfant, flèches, livre.

Sainte Barbe (fin XVIe - début XVIIe), cathédrale de Senlis - Oise.

Barbe († v. 235) : Barbe était une très jolie fille. Son père l'enferma dans une tour pour l'éloigner des regards envieux. Elle fut convertie au catholicisme durant une absence de son père. Elle demanda à des ouvriers de rajouter une troisième fenêtre à la tour, en l'honneur de la Trinité. Son père, furieux de la retrouver chrétienne, voulut la tuer. Les baguettes dont se servait son père pour la fouetter se transformèrent en plumes de paon. Par un prodige, elle s'échappa et se réfugia dans la montagne. Son père la retrouva et la décapita. Il mourut aussitôt, foudroyé. Attributs et signes représentatifs : canon, ciboire surmonté d'une hostie, plumes de paon, torche enflammée.

Barnabé (Ier siècle) : Barnabé accompagna Paul dans ses premiers voyages. Il se serait rendu à Alexandrie, en Macédoine, à Rome et à Milan. Il fut lapidé puis brûlé par les juifs vers 62 à Salamine (Chypre). Attributs et signes représentatifs : livre, pierres.

Barthélemy - Apôtre (Ier siècle) : Barthélemy subit le martyre en Grande Arménie lors des persécutions contre les chrétiens. Il fut écorché vif. Attributs et signes représentatifs : couteau, peau humaine écorchée.

Benoît de Nursie (v. 480-547) : Benoît naquit dans une famille noble de Nursie en Ombrie. Il abandonna ses études à l'âge de vingt ans et résolut de se retirer de la Rome décadente. Sa nourrice qui avait décidé de le suivre dans son voyage, cassa un crible destiné à tamiser du froment alors qu'elle préparait un repas. Chagrinée par sa maladresse, la nourrice se mit à pleurer. Pour la consoler, Benoît rassembla les deux parties brisées et fit une prière qui répara miraculeusement le crible. Il laissa derrière lui sa nourrice qui l'avait suivi dans son voyage et se retira dans une grotte près du lac de Subiaco en Italie. Il y vécut éloigné du monde aidé du moine Romain qui lui livrait chaque jour un pain au bout d'une longue corde, car la caverne dans laquelle il s'était retirée ne possédait pas de che-

Saint Benoît répare le crible (XVe), par Le Sodoma, abbaye de Monte Oliveto Maggiore, Asciano - Italie.

Vision de Saint Benoît (XVe), par Le Sodoma, abbaye de Monte Oliveto Maggiore, Asciano - Italie.

min facilement accessible. Il avait ajouté à cette corde une clochette afin de prévenir l'ermite de son passage. Cette clochette fut brisée par le démon jaloux de la charité de Romain. La Légende dorée rapporte une autre légende : Benoît eut la vision d'une femme qu'il avait connue autrefois. Le diable alluma dans le cœur de l'ermite une telle passion, qu'il faillit renoncer au recueillement si la grâce divine ne s'était pas manifestée. Il se jeta dans les ronces afin de calmer ce feu ardent.

Benoît se retira de la caverne de Subiaco en Italie et s'établit en 529 sur le Mont-Cassin où il fonda l'abbaye du même nom. C'est dans ce monastère qu'il rédigea la Règle de l'ordre des Bénédictins. Attributs et signes représentatifs : clochette, corbeau, crible brisé, crosse d'abbé, flacon, grotte, oiseau, pains, ronces, serpents.

Bernard de Clairvaux (1090-1153) : Bernard était un réformateur important et un théologien, auteur de très nombreux ouvrages. Il fut le fondateur de l'abbaye cistercienne de Clairvaux qu'il dirigea jusqu'à sa mort en 1153. Discret et humble, il refusa de devenir évêque. La mère de Bernard rêva pendant sa grossesse qu'elle accouchait d'un petit chien blanc, roux sur le dos et qui aboyait. Le prêtre à qui elle confessa son rêve lui dit : « Vous serez la mère d'un excellent petit chien, qui doit être le gardien de la maison de Dieu ; il jettera de grands aboiements contre les ennemis de la foi ; car ce sera un prédicateur distingué, qui guérira beaucoup de monde par la vertu de sa langue ». Bernard vouait une dévotion particulière à la Vierge. Les églises de son ordre sont placées sous le vocable de Notre-Dame et lui-même se disait le fidèle chapelain de la Vierge. Attributs et signes représentatifs : chien, crosse d'abbé, crosse sous les pieds, essaim d'abeilles, instruments de la Passion, livre, mitre jetée à terre, ruche, Vierge.

Sainte Bernadette, église de Bois-Colombes - Hauts-de-Seine.

Bernadette de Lourdes (1844-1879) : De son vrai nom Marie-Bernarde Soubirous est née le 7 janvier 1844 à Lourdes d'une famille de 9 enfants.

La Vierge apparut à Bernadette dix-huit fois entre le 11 février et le 16 juillet 1858 dans la grotte de Massabielle, près du bourg de Lourdes.

Le Jeudi 25 mars 1858, la Vierge dit en patois bigourdan (la langue que parlait Bernadette) : « Je suis l'immaculée conception ». Bernadette retint ces mots et courut les répéter au curé. Quatre ans plus tôt, le pape Pie IX avait fait de l' « Immaculée Conception de Marie » un dogme. Bernadette disait ignorer qu'elle désignait la Vierge. Le fait que la jeune fille répètait ce dogme qu'elle ne pouvait pas connaître à cause de son manque d'instruction, sera un argument décisif à la reconnaissance des apparitions.

Elle choisit la congrégation des Sœurs de la charité de Nevers qu'elle rejoint le 7 juillet 1866 pour vivre son désir de vie religieuse. Elle y resta treize années, jusqu'à sa mort en 1879.

Attributs et signes représentatifs : Vierge, jeune paysanne, sœur de la charité de Nevers.

Blaise († v. 316) : Blaise mena dans une grotte une vie érémitique, bien qu'il fut évêque de Sébaste en Cappadoce. Les oiseaux qui lui apportaient sa nourriture se réunissaient autour de lui et ne le quittaient que lorsqu'il les avait bénis. Blaise refusa d'honorer les dieux. Le gouverneur de Cappadoce le fit jeter en prison puis ordonna de le suspendre à un arbre et de déchirer son corps avec des peignes de fer. Attributs et signes représentatifs : cierge entrecroisés, cochon, cor, crosse d'évêque, mitre, oiseau, peigne(s) à carder.

Blandine († en 177) : Blandine fut martyrisée en 177, sous l'empereur Marc-Aurèle. C'est une lettre des Églises de Lyon et de Vienne, aux Églises d'Orient qui nous rapporte son histoire. Ses bourreaux lui firent subir les pires martyres qu'elle accepta sans douleur. Elle fut suspendue à une croix afin d'être déchiquetée par les bêtes puis on l'exposa sur un gril, en vain. Elle fut roulée ensuite dans un filet et jetée à un taureau sauvage qui la projeta plusieurs fois en l'air, ce qui ne lui fit aucun effet. Elle fut finalement égorgée. Attributs et signes représentatifs : filet du martyre, gril, lions du martyre, ours du martyre, taureau.

Brigitte de Suède (1303-1373) : Brigitte naquit en 1303 dans la province d'Upland en Suède. Elle était apparentée à la famille royale de Suède. Elle avait dix ans lorsque le Christ lui apparut en songe, blessé et couvert de sang. Brigitte fit un pèlerinage en Terre sainte (qui fut selon elle, le plus bel épisode de son existence) et se retira dans un monastère cistercien à la mort de son mari. Elle fonda ensuite en 1346, l'ordre du Saint-Sauveur appelé également ordre des Brigittines (les cinq flammes rouges représentées parfois avec elle, semblables à des gouttes de sang, symbolisent les cinq plaies du Christ, le Saint-Sauveur).

Son ordre nourrissait une dévotion toute particulière à la Vierge, en référence à l'une de ses visions ainsi qu'à la Passion du Christ. Brigitte est connue pour avoir écrit (ou fait écrire par son chapelain) le *Livre des Révélations*. Ces révélations étaient la reproduction en latin des lettres qu'elle avait envoyées aux politiques et religieux de l'époque, afin de les instruire de leurs fautes. Ces révélations leur expliquaient également le moyen de réformer leur vie. Attributs et signes représentatifs : cierge, cœur crucifère, couronne royale, crosse d'abbé, flammes, gourde de pèlerin, livre.

Bruno (v. 1035-1101) : Hugues de Grenoble vit en songe sept étoiles représentant Bruno et ses six compagnons s'établir sur le site de la Chartreuse afin d'y fonder un monastère. Une chapelle fut bâtie, sept ermitages lui furent ajoutés. Les fondations du monastère de la Chartreuse, propices à la vie érémitique de Bruno et

Saint Bruno refusant les présents du comte Roger, par J.-P. Laurens (1874), église Saint-Nicolas-des-Champs - Paris.

Sainte-Catherine d'Alexandrie (1921), église de la Roche-Derrien - Côtes-d'Armor.

de ses compagnons, étaient ainsi posées. Bruno refusa les grandeurs de l'Église. Aussi, lorsque le pape Urbain II lui demanda de le rejoindre à Rome, il ne put rester et quitta la cour pontificale afin de se consacrer à son ordre. Attributs et signes représentatifs : crâne, crosse sous les pieds, étoile sur la poitrine, mitre jeté à terre.

Catherine d'Alexandrie († en 310) : Catherine refusa d'épouser l'Empereur Maximien à cause de son « mariage mystique » avec le Christ. Elle fut confrontée à 50 philosophes chargés de lui démontrer le caractère inutile de la foi chrétienne. La jeune vierge argumenta victorieusement contre ces savants, grâce à un ange envoyé par Dieu qui lui soufflait les réponses. Cette inspiration divine est généralement représentée par une colombe planant au-dessus de sa tête ou lui parlant à l'oreille. Catherine mourut décapitée après avoir subi le martyre de la roue. Attributs et signes représentatifs : anges, anneaux d'or, colombe, enfant, épée du martyre, roue brisée à pointes.

Catherine de Sienne (1347-1380) : Cette sainte choisit de mener une vie ascétique dès son adolescence. Elle est généralement représentée priant, les mains jointes, dans un recueillement profond. Les artistes ont souvent abusé de son mysticisme en lui donnant des poses souvent très affectées. Le Christ aurait demandé à Catherine de choisir entre une couronne d'or et une couronne d'épines qu'elle préféra. Cet heureux choix de son vivant lui accorda la couronne d'or pour l'éternité. Le cœur fait allusion à la tradition qui parle d'un échange de cœur entre le Christ et la sainte. Attributs et signes représentatifs : anneau d'or, cœur, couronne d'épines, crâne, livre, lys, rosaire, stigmates.

Sainte Cécile (XIXe), Trésor de la basilique, Sainte-Anne-d'Auray - Morbihan.

Cécile (IIe et IIIe siècles) : La jeune fille fut contrainte d'épouser Valérius malgré le vœu de virginité qu'elle avait fait. Dans la chambre nuptiale, un ange apparut permettant la conversion du mari au christianisme. Malgré tout, Cécile fut contrainte de sacrifier aux dieux, ce qu'elle refusa. La sainte fut martyrisée. Cécile qui ne voulait pas entendre la musique accompagnant son martyre est devenue aujourd'hui la patronne des musiciens. En fait, un contresens qui date de la fin du Moyen Âge a laissé croire que la sainte se rendait au supplice en jouant de l'orgue. Attributs et signes représentatifs : ange, blessure au cou, couronne de fleurs, harpe, instrument de musique, orgue, roses.

Christine de Bolsène (IIIe siècle) : Christine était une jeune fille de famille noble de la Toscane. Après plusieurs tentatives d'exécution ratées, la jeune fille fut jetée à la mer avec une pierre de meule attachée à son cou. Le Christ lui-même vint à son secours et la baptisa dans la mer. La Légende dorée précise que le Christ la confia à l'archange Michel qui la ramena sur la terre. Attributs et signes représentatifs : couronne royale, flèches, meule, roue, serpents, tenailles.

Christophe : Christophe avait une force extraordinaire qu'il souhaitait mettre au service du plus grand roi du monde. Cette longue quête le fit beaucoup voyager faisant de lui le patron des voyageurs. Après avoir servi un des plus grands souverains, il s'aperçut que Satan était plus puissant que son maître, car il le redoutait. Au service de Satan, il comprit que seul le Christ était le Seigneur tout puissant, car Satan lui-même le craignait. Sur les conseils d'un ermite qui le convertit, il se mit au service du Christ en aidant les voyageurs à traverser les cours d'eau difficiles. Une nuit d'orage un enfant lui demanda ses services pour traverser une rivière. Le géant le hissa sur ses épaules, mais à chaque pas l'enfant lui paraissait de

Saint Christophe (XIVe), église des Augustins à Ribeauvillé - Haut-Rhin.

Yáñez de la Almedina (ap.1506), Saint Côme et saint Damien, © M.b.a. de Nîmes - Gard.

plus en plus lourd. Voués à une noyade certaine, le passeur et l'enfant réussirent malgré tout à atteindre l'autre rive. L'enfant lui confia qu'il avait porté sur ses épaules tous les péchés du monde et qu'il était le Christ, son roi. Il lui demanda pour preuve de planter son bâton dans le sol qui se transforma le lendemain en un arbre merveilleux. Attributs et signes représentatifs : bâton fleuri ou feuillu, enfant, tête de chien.

Claire d'Assise (1194-1253) : Claire décida de se retirer du monde en 1212, le jour des Rameaux. Elle se rendit dans l'église de Portioncule et fit le vœu de pauvreté et de chasteté. La sainte est connue pour sa générosité et sa fidélité à saint François avec qui elle partagea les souffrances et l'idéal d'une vie austère.

Claire mit les soldats de Frédéric II en fuite, munie seulement d'un ostensoir. Un certain nombre de Sarrasins se trouvaient parmi les soldats de l'empereur du Saint Empire, qui se fit proclamer roi de Jérusalem en 1129. Attributs et signes représentatifs : croix au rameau d'olivier ou rameau d'olivier seul, lanterne, lys, ostensoir.

Côme et Damien (IIIe siècle) : Côme et Damien étaient jumeaux. Ils étaient médecins et guérissaient gratuitement toutes les maladies des hommes et des animaux. Ils sont surtout connus pour avoir greffé la jambe d'un Éthiopien nouvellement enseveli, au sacristain de l'église Saint-Côme-et-Damien que le pape Félix avait fait construire. C'est durant son sommeil, que les deux médecins apparurent après leur mort au sacristain dévoré par la gangrène. Ils portaient avec eux des onguents et des instruments de chirurgien. Les artistes ont reproduit avec bonheur cette scène en montrant le sacristain pourvu de sa nouvelle jambe noire, à côté de sa jambe blanche. Le proconsul Lysias appela ces deux médecins dont la renommée était très grande. Il les invita à sacrifier ensemble aux dieux, ce qu'ils refusèrent. Lysias furieux, les enchaîna et les jeta à la mer. Aussitôt un ange apparut et les sauva. Le proconsul les fit jeter ensuite dans les flammes d'un grand feu, qui se retournèrent contre les bourreaux. Ils furent battus, crucifiés et lapidés en vain. Lysias ordonna alors de les crucifier une nouvelle fois et de les percer de flèches qui se retournèrent contre les archers. Lysias troublé par ces prodiges, les fit décapiter. Attributs et signes représentatifs : boîte d'onguents, chaperon cylindrique de médecin, instruments de chirurgien ou trousse de chirurgien, flèches, jambe d'homme noir, mortier et pilon, robe fourrée.

Saint Denis (XIIIe - XIXe), cathédrale de Paris.

Denis (IIIe siècle) : Denis fut au IIIe siècle le premier évêque de Paris. Il fut arrêté et emprisonné par l'empereur à cause de sa foi et de ses prédications. Le saint est souvent représenté chargé de lourdes chaînes, recevant l'Eucharistie des mains du Christ. Il eut la tête tranchée par son bourreau. Aussitôt, Denis se leva, prit sa tête entre les mains et marcha jusqu'à sa sépulture que la légende situe à Montmartre. Il existe plusieurs représentations de son martyre. Sa tête peut être tranchée au ras du cou. La partie supérieure du crâne peut être décalottée. Parfois le saint peut être muni de deux têtes : l'une posée sur ses épaules, l'autre tenue entre ses mains. Attributs et signes représentatifs : chaînes, crosse d'évêque, mitre, tête portée dans les mains.

Dominique (1170-1221) : La mère de Dominique rêva pendant sa grossesse qu'elle portait en son sein un petit chien tenant dans sa gueule une torche allumée qui éclairait tout l'univers. Certain y voient l'image de Dominique interprétée comme le chien de garde de l'Église contre l'hérésie. Après le baptême de Dominique, une femme crut voir une étoile sur le front du jeune enfant. Cette étoile très brillante éclairait toute la terre. Les artistes ont parfois représenté cette étoile au-dessus de la tête du saint.

Saint Dominique (1737-39), par Tiepolo, église des Gesuati, Venise - Italie.

Dominique mena une vie très austère, faite d'étude, de prière et de pénitence. Un soir, alors qu'il était à Rome afin d'obtenir du pape la confirmation de l'ordre des Frères prêcheurs qu'il voulait fonder, il vit en songe le Christ qui tenait à la main trois lances destinées au monde. La Vierge apparut également et demanda à son fils ce qu'il comptait faire. Il lui répondit : « Ce monde que voici est rempli tout entier de trois vices : l'orgueil, la concupiscence et l'avarice ; voilà pourquoi je veux le détruire avec ces trois lances. » Elle lui demanda de s'apaiser afin de lui présenter Dominique qui soumettra le monde à la parole Divine. La Vierge présenta également le futur compagnon de Dominique, François qui eut aussi le même songe. Attributs et signes représentatifs : chien blanc et noir tenant une torche enflammée dans sa gueule, diable, étoile, livre, lys, rosaire.

Dorothée (IVe siècle) : Dorothée fut martyrisée par Fabricius, le gouverneur de Césarée en Cappadoce, car elle refusa de se marier et d'adorer les idoles. Théophile, un jeune juriste, se moqua d'elle alors qu'on la conduisait vers le lieu de son supplice. Il lui demanda de lui rapporter des pommes et des roses du jardin où elle allait. Aussitôt, un ange apparut portant un panier avec trois pommes et trois roses du Paradis. Théophile se convertit alors et mourut en martyre. Attributs et signes représentatifs : fleurs, pommes.

La Visitation (XIIIᵉ), cathédrale de Chartres - Eure-et-Loir.

Élisabeth (Iᵉʳ siècle) : Élisabeth était la femme du prêtre Zacharie. « Ils n'avaient point de fils, parce qu'Élisabeth était stérile, et qu'ils étaient déjà tous deux avancés en âge. ». Leur mariage resta stérile jusqu'à l'intervention de l'archange Gabriel qui lui apparut un jour où il était dans le Temple pour offrir des parfums. L'ange dit à Zacharie : « Ne craignez point, Zacharie, parce que votre prière a été exaucée ; et Élisabeth votre femme vous enfantera un fils auquel vous donnerez le nom de Jean ». Élisabeth mit au monde un fils qu'elle nomma Jean, au grand étonnement de ses voisins et parents, car il était d'usage de donner aux fils le même nom que leur père. La naissance de Jean annonce la venue de Jésus et c'est lui qui le baptisera. La naissance de Jean-Baptiste fait partie des naissances miraculeuses de la Bible. Attributs et signes représentatifs : longue robe, manteau à capuchon.

Élisabeth de Hongrie (1207-1231) : Élisabeth était la fille du roi André II de Hongrie. Elle fut fiancée à quatre ans au fils du margrave Hermann de Thuringe et se maria en 1221, à l'âge de 14 ans. Elle fut conduite plus tard par son confesseur vers l'idéal de saint François d'Assise et se consacra aux pauvres, aux malades et aux lépreux. Veuve en 1227, elle prend l'habit du Tiers Ordre de saint François et meurt d'épuisement en 1231. Les artistes l'ont représentée soit en princesse, soit en tertiaire fran-

Sainte Élisabeth de Hongrie soignant les malades (XIXᵉ), par Pierre-Auguste Cot, © musée des Beaux-Arts de Béziers - Hérault.

ciscaine. Lorsqu'elle est représentée en princesse, elle porte une couronne sur la tête et dans ses mains, un livre où sont posées deux couronnes. Elles symbolisent sa naissance royale, sa piété austère et son abstinence durant son mariage. Ces trois couronnes peuvent également se comprendre comme les trois nœuds de la cordelière franciscaine représentant les vœux de pauvreté, chasteté et obéissance, car elle était tertiaire de saint François, c'est à dire qu'elle vivait dans le monde tout en suivant l'ordre franciscain. Élisabeth prit de la nourriture dans la cuisine du Landgrave pour la donner aux pauvres. Surprise, on lui demanda ce qu'elle emportait dans sa robe. Elle répondit : « des roses pour me tresser une couronne » et les victuailles se transformèrent en roses rouges et blanches. Attributs et signes représentatifs : couronne royale, couronne triple, fleurs, livre, livre coiffé de deux couronnes, pains, sceptre.

Éloi (588-660) : Éloi fut nommé évêque de Noyon en 640. La tradition fait de saint Éloi l'un des plus habiles orfèvres et forgerons mérovingiens.

Saint Éloi, chapelle Sainte-Marie du Menez-Hom, Plomodiern - Finistère.

Nevers, Saint Étienne (v. 1700), © Musée Leblanc-Duvernoy, Auxerre - Yonne.

Les artistes le représentent avec une pièce d'orfèvrerie qui a souvent la forme d'un calice. Éloi qui était forgeron, coupa la patte d'un cheval pour ferrer plus facilement le sabot de l'animal et remit la patte en place après le travail accompli. Éloi chassa de sa forge le diable qui s'était déguisé en femme. La légende raconte que le saint lui pinça le museau avec ses tenailles de forgeron. Effrayé, le diable fut contraint de fuir. Attributs et signes représentatifs : calice, cheval, crosse d'évêque, enclume, fer à cheval, marteau, mitre, outils de forgeron, patte de cheval, tenailles.

Étienne le Diacre : Étienne ainsi que six « hommes pleins du Saint-Esprit et de sagesse » furent choisis par leurs frères afin de prendre soin des Tables de la Loi. C'est ce qu'appelle la Bible, l'élection des sept diacres. Étienne fut accusé par jalousie, d'avoir blasphémé contre Dieu et contre Moïse. Sa grande sagesse exaspérait ses frères. Il fut traduit devant le Conseil qui le fit jeter hors de la ville et lapider. Attributs et signes représentatifs : dalmatique, livre avec des pierres, pierres.

Eustache : Eustache qui s'appelait à l'origine Placide, était un des généraux romains de l'Empereur Trajan. Son histoire est totalement légendaire. Il rencontra un jour de chasse un troupeau de cerfs au milieu duquel se trouvait un cerf plus beau et plus grand que les autres. Ce cerf merveilleux se sépara du troupeau afin de gagner une forêt plus belle. Eustache se jura de le rattraper et parvint à le rejoindre sur la cime d'un rocher. Alors qu'il s'appliquait pour ne pas le manquer, la Sainte-Croix apparut au milieu de ses bois rayonnants de lumière. La parole du Christ, par la bouche du cerf lui dit : « Je suis le Christ qui a créé le ciel et la terre, qui a fait jaillir la lumière et l'a séparée des ténèbres ; j'ai réglé le temps, les jours et les années ; j'ai formé l'homme du limon de la terre ; pour sauver le genre humain, je suis apparu ici-bas avec un corps, et après avoir été crucifié et enseveli, je suis ressuscité le troisième jour ». Eustache

La chasse de saint Eustache (XIIIe), cathédrale de Chartres - Eure-et-Loir.

répondit : « Je crois, Seigneur, que c'est vous qui avez tout fait et que vous ramenez ceux qui s'égarent ». Eustache courut trouver l'évêque de la ville, se fit baptiser avec sa famille et connut tous les malheurs après sa conversion. Il fut contraint de quitter Rome pour l'Égypte et perdit entre autres, sa femme et ses enfants, qu'il retrouva après plusieurs épreuves. Plus tard, Eustache qui avait été général, fut retrouvé par ses hommes à la demande de l'Empereur afin qu'il reprenne ses activités. Après avoir remporté une belle victoire contre les « Barbares », il retourna à Rome et rencontra l'Empereur Hadrien, le successeur de Trajan qu'il avait servi avant son départ. Hadrien lui ordonna de sacrifier aux idoles afin de fêter cette victoire, ce que refusa Eustache. Il fut arrêté et jeté aux lions avec sa famille. Alors qu'ils s'en sortaient, Hadrien ordonna de faire rougir au feu un taureau d'airain afin de les y jeter vivants. Trois jours après, les corps intacts furent retirés des entrailles du taureau. Attributs et signes représentatifs : armure, cerf crucifère, chien, cor, taureau.

Saint Fiacre (XVIe), basilique Saint-Nicolas-de-Port - Meurthe-et-Moselle.

Fiacre († en 670) : Fiacre était un moine d'origine irlandaise qui se retira au VIIe siècle à Breuil-en-Brie, près de Meaux. Heureux défricheur, il se plaisait à cultiver son champ. L'évêque de Meaux, saint Faron, lui fit la promesse de lui laisser un terrain de la taille du fossé qu'il pourrait creuser en une journée. Fiacre traça sur le sol le périmètre qu'il souhaitait avec un bâton. Le fossé se creusa tout seul. Attribut et signe représentatif : bêche.

Foy († en 303) : Foy a été longtemps confondue avec la Foi, représentée sous les traits de l'une des filles de Sophie. Foy fut couchée nue sur un gril par son bourreau, le proconsul Dacien. Le gril a souvent la forme d'un lit métallique. Attributs et signes représentatifs : couronne royale, gril.

François d'Assise (1182-1226) : Le saint, simple comme une colombe, invitait toutes les créatures à adorer le

Saint François (XIXe),
église Saint-Médard - Paris.

Christ. Il prêchait, dit-on, les oiseaux qui l'écoutaient et lui obéissaient. La Légende dorée rapportant une promenade du saint et d'un de ses compagnons dans les marais de Venise, raconte que le saint pénétra dans une volée d'oiseaux pour louer avec eux le Créateur. Ne pouvant s'entendre avec son compagnon, il leur dit : « Mes frères les oiseaux, cessez de chanter jusqu'à que nous ayons terminé notre office de Laudes ! ». A ce moment les oiseaux se turent et reprirent leur chant avec la permission de François, lorsque les *Laudes* furent achevées.

François est représenté vêtu de la robe de bure des franciscains ordre qu'il a créé et portant à la taille une cordelière à trois nœuds symbolisant les vœux de pauvreté, de chasteté et d'obéissance. De là vient le nom de Cordeliers donné aux Frères Mineurs. Attributs et signes représentatifs : ange violoniste, char céleste.

Geneviève (v. 422-500) : Saint Germain d'Auxerre, accompagné de saint Loup de Troyes, rencontra la petite Geneviève âgée de 6 ans qui surveillait son troupeau. Ils se rendaient en Angleterre et firent une halte à Nanterre. Il fut frappé de la piété précoce de l'enfant et lui offrit une médaille marquée d'une croix afin de la consacrer à Dieu. Une nuit, Geneviève visitait avec ses compagnes, le chantier de la basilique de Saint-Denis qu'elle avait ordonné. Le cierge qui éclairait le groupe de visiteuses s'éteignit et se ralluma quand la sainte

Sainte Geneviève bénie par saint Germain, par J.-N. Jouy (1845), église Saint-Nicolas-des-Champs - Paris.

le prit. Dans ses représentations, Geneviève tient un cierge qui reste allumé grâce à un ange. Ce dernier le protège d'un démon qui tente de l'éteindre. En 451, à l'approche des troupes d'Attila, les habitants de Paris prirent peur. Geneviève les empêcha de céder à la panique à juste titre car Attila ne passa pas par Paris. Geneviève est depuis la patronne de Paris. Attributs et signes représentatifs : agneau, anges, cierge, diable, médaille crucifère, soufflet.

Saint Georges terrassant le dragon (XIVe), jouée de stalle de la cathédrale d'Évreux, © Musée de l'ancien évêché à Évreux - Eure.

Georges le Grand : La vie de Georges est considérée dès le Ve siècle comme fictive. La légende rapporte que Georges, officier romain, triompha avec l'aide du Christ d'un dragon. Le monstre dévorait les animaux et les jeunes gens, livrés après un tirage au sort par les habitants terrorisés. Le jour du combat, le preux chevalier délivra la fille du roi qui devait être offerte à la bête. Ce geste chevaleresque fit de lui le protecteur des femmes et un modèle de chevalerie. Georges qui personnifiait l'idéal chevaleresque, fut vénéré par les croisés. Georges le Grand fut décapité après avoir survécu à de nombreux supplices. Il fut ébouillanté, brûlé et broyé sous une roue à lames de fer. Attributs et signes représentatifs : armure, bannière blanche à croix rouge, cheval, dragon, épée, étendard, lance brisée.

Germain d'Auxerre († en 448) : Germain d'Auxerre devint l'évêque d'Auxerre en 418. Germain était gouverneur de la Bourgogne. Chasseur passionné, il possédait à Auxerre, selon la Légende dorée, un pin aux branches duquel il suspendait les têtes des bêtes qu'il avait tuées à la chasse. Attributs et signes représentatifs : crosse d'évêque, mitre.

Gilles († en 725) : Gilles fut le premier abbé de Saint-Gilles-du-Gard. Gilles eut la main transpercée par la flèche d'un chasseur, en protégeant la biche qu'il avait apprivoisée. Le seigneur qui se trouvait à la tête des chasseurs pro-

Saint Germain d'Auxerre (XVe), église Saint-Germain-l'Auxerrois - Paris.

mit à Gilles de construire un monastère pour se faire pardonner. Sa blessure légendaire en fait le patron des infirmes. Attributs et signes représentatifs : béquille, biche, flèche(s).

Grégoire le Grand (v. 540-604) : Grégoire le Grand succéda en 590 au pape Pélage II, sous le nom de Grégoire Ier. Celui que l'on appelle également le « Consul de Dieu » est l'un des quatre grands Docteurs de l'Église au même titre qu'Ambroise, Augustin et Jérôme. Grégoire est connu pour avoir inspiré la pensée médiévale grâce à ses nombreux ouvrages. Les artistes le représentent écrivant sous l'inspiration de la colombe du Saint-Esprit, généralement accompagné d'un jeune diacre. Lors de la célébration d'une messe, un diacre douta de la présence du Christ dans l'Eucharistie. Grégoire le Grand, pria afin de montrer à l'imprudent son erreur. Aussitôt, le Christ apparut aux fidèles entouré des instruments de la Passion et montrant les stigmates. C'est ce que l'on appelle la « Messe de saint Grégoire ». Attributs et signes représentatifs : colombe, croix pontificale, instruments de la Passion, livre, tiare pontificale.

École Franco-Flamande, Messe de Saint-Grégoire (XVe), © M.b.a. de Tours - Indre-et-Loire.

Sainte Hélène, la Légende de la Vraie Croix (XVe), par Piero della Francesca, Arrezzo - Italie.

Hélène (v. 255-329) : Hélène était l'épouse chrétienne de Constance Ier Chlore qu'il abandonna pour une alliance royale lorsqu'il devint César des Gaules en 292. C'est elle qui mit au monde Constantin le Grand qui concéda aux chrétiens leur liberté religieuse avec l'édit de Milan en 313. Il se présenta comme le serviteur de Dieu et se plaça lui-même à la tête de l'Église chrétienne comme vice régent du Christ. L'Empereur pensait à juste titre qu'un empire unifié avait besoin d'une église unifiée pour le soutenir. Hélène qui fut proclamée impératrice par son fils, fut associée très vite au culte impérial et favorisa l'expansion du christianisme dans l'Empire. Elle est à l'origine de la construction d'un grand nombre d'églises.

Hélène serait partie en Palestine à la recherche des reliques du Christ. Elle aurait découvert les trois croix du Golgotha ainsi que les clous de la Crucifixion. La Légende dorée rapporte qu'Hélène, arrivée à Jérusalem, fit réunir autour d'elle les savants de la région pour lui indiquer l'endroit où se trouvait le bois de la Croix du Christ. Pas un ne consentit à le lui indiquer. Condamnés à être brûlés, ils désignèrent un juif, Judas qui pouvait lui indiquer l'endroit. Judas refusa, mais après six jours de jeûne et d'emprisonnement, il demanda à sortir et conduisit l'impératrice à l'endroit où était enterrées les trois croix. Une fois déterrées, il fallut distinguer la Croix du Christ de celles des deux larrons. Les trois croix furent exposées en ville afin qu'un prodige s'accomplisse. Un cortège funèbre qui passait en ville fut arrêté. Judas posa une première, puis une seconde croix sur le cadavre du défunt qui ne réagit pas. A l'approche de la troisième croix,

Sainte Hélène, la Légende de la Vraie Croix (XVe), par Piero della Francesca, Arrezzo - Italie.

Saint Hervé, église Sainte-Anne-la-Palud, Plonévez-Porzay - Finistère.

le corps revint à la vie : la vraie Croix était retrouvée. Après la découverte de la vraie Croix et de ses miracles, Judas fut baptisé, reçut le nom de Cyriaque et fut ordonné évêque de Jérusalem. Hélène qui ne possédait pas les clous de la vraie Croix pria Cyriaque d'aller au Golgotha les chercher. Il les trouva aussitôt après avoir adressé des prières à Dieu. Il les ramena à Hélène qui les adora et les porta à son fils Constantin. Attributs et signes représentatifs : clous, couronne royale, croix, manteau impérial, maquette d'église dans la main.

Hervé († en 568) : En 540, Hervé fonda le monastère de Lan Houarni dans le Finistère. Né aveugle, il se déplaçait avec son chien mais celui-ci fut dévoré par un loup. Le saint obligea le loup à remplacer son chien. Attribut et signe représentatif : loup.

Hubert († 727) : Hubert fut évêque de Tongres et de Maastricht vers 705 et le premier évêque de Liège en 722. La légende d'Hubert qui apparaît à la Renaissance, est à rapprocher de celle d'Eustache. Hubert, fils d'un duc d'Aquitaine, était un chasseur invétéré. L'épisode le plus connu de sa vie est celui de la chasse du cerf. Alors qu'il

La Chasse de saint Hubert (XVIe), église de Cast - Finistère.

poursuivait un cerf lors d'un Vendredi saint, Hubert tomba aveuglé par la lumière qui se dégageait d'un crucifix logé entre les bois de l'animal, qui lui ordonna de s'amender pour le salut de son âme. Hubert converti par le cerf, fut nommé évêque de Tongres et de Maastricht vers 705, puis de Liège en 722, où il fit transférer son siège. Attributs et signes représentatifs : cerf crucifère, chien, cor, crosse d'évêque, mitre.

Ignace de Loyola (1491-1556) : Ignace de Loyola rédigea les *Exercices spirituels* après avoir reçu l'illumination divine. C'est dans ces Exercices qu'il établit sa doctrine qui demande que tout soit accompli « pour la plus grande gloire de Dieu ». Après un pèlerinage en Terre Sainte, il commença ses études à Barcelone et fréquenta ensuite les universités d'Alcala et de Salamanque. En 1528, il se rendit à Paris et suivit les cours de la Sorbonne jusqu'en 1535. C'est durant cette période qu'il rassembla autour de lui six disciples avec lesquels il fit, en la chapelle Saint-Denis de Montmartre, le vœu solennel de se consacrer à Dieu. Ignace de Loyola célébra sa première messe à Sainte-Marie-Majeure le jour de Noël 1538. Il rédigea le *livre des Constitutions* de son ordre la Compagnie de Jésus et le présenta à Paul III qui confirma en 1540 l'ordre. A.M.D.G est la devise de l'Ordre d'Ignace de Loyola qui signifie « Ad majorem Dei gloriam », « Pour la plus grande gloire de Dieu ». I.H.S. est l'emblème de la Compagnie de Jésus. C'est l'abréviation latine de « Jesus hominum salvador », « Jesus sauveur des hommes ». Attributs et signes représentatifs : A.M.D.G., barrette noire romaine, cœur enflammé, I.H.S. entouré de rayons, livre.

Saint Isidore, chapelle Saint-Colombier à Saint-Nolff - Finistère. © Royer-Bigot.

Isidore le Laboureur (v. 1080-1130) : Isidore naquit en Espagne vers 1080. Ouvrier agricole, il subissait la jalousie de ses compagnons qui l'accusaient de délaisser son travail afin de se consacrer à la prière. Il fut nommé plus tard régisseur par son patron qui cherchait à vérifier les accusations des autres employés. Celui-ci le surprit à prier, pendant que deux anges poussaient la charrue. Émerveillé par le prodige, le patron se convertit. Attributs et signes représentatifs : épis de blé, fléau, anges laboureurs, charrue, faucille.

Jacques le Majeur - Apôtre († en 44) : Jacques était pêcheur lorsqu'il fut appelé à suivre Jésus. Disciple du Christ il assista à la Transfiguration puis à l'agonie du Christ sur le mont des Oliviers. La légende rapporte que Jacques évangélisa l'Espagne. Il fut décapité à Jérusalem sur l'ordre d'Hérode Agrippa. Son corps fut ensuite transporté à Compostelle. Sa sépulture est située en

Reliquaire de saint Jacques, XVIIIe - cathédrale de Limoges - Haute-Vienne

Galice, à Saint-Jacques-de-Compostelle. A partir de l'an mille, le sanctuaire de Saint-Jacques-de-Compostelle devint l'un des lieux de pèlerinage d'Occident le plus populaire. Jacques est alors représenté régulièrement en pèlerin et en porte les attributs. Attributs et signes représentatifs : bâton de pèlerin, chapeau large à coquille, cheval, coquille, épée du martyre, gourde de pèlerin, Jardin des Oliviers, manteau long, panetière de pèlerin, Transfiguration.

Jacques le Mineur - Apôtre († en 62) : Jacques le Mineur fut lapidé par des juifs alors qu'il prêchait l'Évangile devant des chrétiens. Afin de porter le discrédit aux paroles de l'Apôtre, les juifs le jetèrent à terre et l'accablèrent d'une grêle de pierres. Jacques qui vivait encore, fut achevé par un des juifs qui prit une perche de foulon et le frappa d'un coup violent à la tête lui faisant, selon la Légende dorée, sauter la cervelle. Attributs et signes représentatifs : massue, perche de foulon.

Jean - Apôtre († v. 100) : Jean est l'auteur de l'Apocalypse rédigée sur l'île de Patmos et de l'un des quatre Évangiles écrit à Ephèse. Il fut conduit au temple de Diane afin de le forcer à sacrifier aux dieux. Jean proposa aux adorateurs de Diane : « qu'ils fassent s'écrouler l'église du Christ, alors il sacrifierait aux idoles ; qu'il parvint à

Saint Jean, Évangéliaire de l'abbaye de Landévennec (Finistère) © Bibliothèque de Boulogne-sur-Mer - Pas-de-Calais.

renverser le temple de Diane alors il les convertirait ». Les prières de l'Apôtre furent plus fortes que celles des adorateurs de Diane. Le temple s'écroula. Le pontife des idoles lui proposa alors une dernière épreuve : « Si tu veux que je croie en ton Dieu, je te ferai boire du poison, et si tu n'en ressens pas les atteintes, ton Seigneur sera évidemment le vrai Dieu ». Jean sortit indemne de cette épreuve mortelle. Dans le tétramorphe Jean est symbolisé par un aigle. Attributs et signes représentatifs : aigle, calice au serpent, cuve d'huile bouillante, Jardin des Oliviers, livre, Transfiguration.

Le Baptême du Christ (XVIe), clôture du chœur de la cathédrale de Chartres - Eure-et-Loir.

« Le martyre de saint Jean » (XVIIe), par Sébastien Bourdon, © M.b.a. de Nantes - Loire-Atlantique.

Jean-Baptiste († v. 30) : Jésus vint de Galilée au bord du Jourdain pour être baptisé par Jean-Baptiste. Mais Jean-Baptiste s'en défendit et dit à Jésus : « C'est moi qui dois être baptisé par vous, et vous venez à moi ! ». Jésus lui dit qu'il s'agit d'accomplir toute justice. Après qu'il fut baptisé, Jésus vit l'Esprit de Dieu qui descendit en forme de colombe, et qui vint se reposer sur lui. Et au même instant une voix se fit entendre du ciel, qui disait : « Celui-ci est mon fils bien-aimé dans lequel j'ai mis toute mon affection ». Plus tard, Jean-Baptiste fut jeté en prison pour avoir dénoncé la liaison du roi Hérode Antipas avec sa belle-sœur Hérodiade. Le jour de l'anniversaire d'Hérode Antipas, Salomé, la fille d'Hérodiade, exécuta une merveilleuse danse qui renversa d'émoi le roi, qui lui promit de lui accorder tout ce qu'elle désirait pour la récompenser. « Elle, ayant été instruite auparavant par sa mère, lui dit : Donnez-moi présentement dans un bassin la tête de Jean-Baptiste. » Attributs et signes représentatifs : agneau, agneau crucifère, colombe, peau de mouton ou peau de chameau, tête tranchée dans un plat.

Jeanne d'Arc (1412-1431) : La jeune fille entendit vers l'âge de treize ans les voix de saint Michel, de sainte Marguerite et de sainte Catherine lorsqu'elle surveillait le troupeau de brebis de son père. Plus tard, les voix lui demandèrent de sauver le futur Charles VII et le territoire français menacé par l'envahisseur anglais. Le dauphin lui confia le commandement d'une armée qui le conduisit à Reims, où il fut sacré. Malgré ses succès consécutifs, elle fut battue et capturée le 24 mai 1430 à Compiègne, par l'armée du duc de Bourgogne qui la livra aux anglais. L'occupant anglais jugea la jeune femme hérétique et la condamna au bûcher. En fait, les anglais voulaient démontrer que le sacre de Charles VII était associé à une sorcière, pour l'annuler. Attributs et signes représentatifs : agneau, armure, épée, étendard, flammes, oriflamme.

Jeanne d'Arc recevant son épée des mains de Charles VII à Chinon. par Hippolyte Lecomte, (1808), © musée des beaux-arts du château de Blois - Loir-et-Cher.

Jérôme (v. 340-420) : Jérôme apprit le grec et le latin avec le grammairien Donat. Le pape Damase le chargea vers 382 de traduire la Bible en latin d'après la version grecque des Septante et du texte hébraïque. Sa traduction, appelée « Vulgate », fut très vite reconnue et adoptée à Rome. Le concile de Trente la déclara authentique en 1546. En 1943, le pape Pie XII remit en cause les traductions et les interprétations de la Bible lors de sa grande Encyclique sur les études bibliques. C'est à partir des textes originaux qu'il faut maintenant traduire et interpréter la Bible. La Légende dorée rapporte qu'un lion entra en boitant dans le monastère où se trouvait Jérôme. Les frères s'enfuirent apeurés. Jérôme, lui, s'avança et accueillit le lion blessé. Jérôme appela ses compagnons et leur ordonna de laver les pattes du lion et de soigner sa blessure. Ils découvrirent que les ronces avaient déchiré la plante des pattes du lion. Après sa guérison, le lion resta au monastère. En règle générale, les artistes représentent saint Jérôme retirant lui-même une épine de la patte du lion. Après que le lion fut guéri, Jérôme et ses compagnons lui confièrent la garde de l'âne du monastère. Un jour le lion s'endormit alors que l'âne était en train de paître. Des marchands, avec des chameaux, virent l'âne sans sur-

Panneau central du triptyque de la vie de saint Jérôme (XVIe), Anonyme, école Bourguignonne © Monastère royal de Brou, Bourg-en-Bresse - Ain.

veillance et l'amenèrent avec eux. Le lion revint seul au monastère et fut accusé d'avoir mangé son compagnon. Il fut chargé des tâches que réalisait l'âne. Un jour, il croisa sur son chemin la caravane des marchands et reconnut l'âne qui était avec eux. Il se précipita vers eux et poussa d'horribles rugissements pour mettre en fuite les marchands. Il conduisit de force les chameaux et leur chargement, vers le monastère. Lorsque les marchands revinrent récupérer les chameaux et les marchandises, ceux-ci se jetèrent aux pieds de Jérôme et demandèrent pardon. Jérôme leur rendit leur bien et leur commanda de ne pas voler celui des autres. Attributs et signes représentatifs : Bible, chameau, chapeau de cardinal, crâne, lion, livre, pierres.

La Fuite en Égypte (XVIe), Calvaire de Guimiliau - Finistère.

Joseph de Nazareth (Ier siècle) : Joseph exerçait à Nazareth, la profession de charpentier. Matthieu en parlant de Jésus dans son Évangile, fait allusion à la profession de Joseph : « N'est-ce pas là le fils de ce charpentier ? ». Le mariage de Marie nous est raconté dans le protévangile de Jacques. Le Mariage comprend trois parties : le choix du futur mari, la cérémonie et le cortège. Le grand-prêtre, lorsque Marie fut en âge de se marier, convoqua tous les descendants de David. Chacun devait porter une baguette. Celui dont la baguette fleurira épousera la jeune fille. Joseph fut l'élu : la colombe du Saint-Esprit se posa sur sa baguette fleurie. La cérémonie du mariage compte trois personnages : Marie, Joseph et le grand-prêtre. Parfois Joachim et Anne sont aussi représentés. Après la cérémonie, sept vierges accompagnées de musiciens ramènent les nouveaux mariés chez eux. Joseph est représenté très souvent portant Jésus. Il porte une gourde dans la Fuite en Égypte et parfois une lanterne dans la scène de la Nativité. Attributs et signes représentatifs : âne, ange, bâton fleuri, bœuf, enfant, gourde, lanterne, lys, outils de charpentier.

Saint Joseph (XIXe), Trésor de la basilique, Sainte-Anne-d'Auray - Morbihan.

Judas Iscariote - Apôtre (Ier siècle) : Judas Iscariote est l'Apôtre qui a trahi Jésus. Les soldats reconnurent Jésus au baiser que lui donna Judas Iscariote. Judas qui reçut trente deniers en paiement de sa trahison de Jésus, est représenté avec une bourse bien remplie. Il s'est pendu après avoir trahi Jésus. Attribut : baiser, bourse, pendu.

Jude Thaddée - Apôtre (Ier siècle) : Jude Thaddée est parfois représenté avec une croix processionnelle à longue hampe. Selon Louis Réau cela signifie qu'il n'est pas mort sur une croix, mais pour la Croix. Jude Thaddée et Simon furent égorgés après avoir fait briser par un prodige les idoles d'un temple. L'instrument de son martyre fut la massue. Une hallebarde ou une épée remplacent parfois la massue. Attributs et signes représentatifs : barque, croix, épée du martyre, hallebarde, lance du supplice, massue.

Julie de Corse (VIe siècle) : Julie refusa de renier sa foi chrétienne. Ses bourreaux lui arrachèrent les seins qu'ils jetèrent sur un rocher. Deux fontaines en jaillirent, après quoi elle fut crucifiée. On dit que son âme s'envola sous la forme d'une colombe. Attribut et signe représentatif : colombe.

Julien l'Hospitalier : La vie légendaire de Julien fut diffusée par la Légende dorée. Elle raconte qu'un cerf lui a prédit qu'il assassinerait un jour ses

La trahison de Judas, le Mont des Oliviers (1498), cathédrale de Strabourg - Bas-Rhin.

parents. Pour qu'un tel drame ne puisse se produire, Julien quitta ses parents pour une destination inconnue. Ses parents finirent par le retrouver et furent reçus par sa femme un jour où il était absent. Elle leur offrit le lit conjugal et Julien de retour de campagne retrouva un couple dans son lit. Convaincu de tuer la femme adultère et l'amant, il tua ses parents par erreur. Anéanti par cette tragédie, il se fit ermite au bord d'une rivière, construisit un hôpital pour les pauvres et aida les pèlerins à traverser la rivière. La légende raconte que le Christ déguisé en lépreux lui demanda l'hospitalité puis le passage sur l'autre rive. Réchauffé dans son lit, le Christ lui pardonna son erreur. Julien est depuis l'un des patrons des voyageurs et des hôteliers. Attributs et signes représentatifs : aviron, barque, cerf, épée.

Laurent († v. 258) : Laurent était diacre du pape Sixte II, arrêté et martyrisé quelques jours avant lui. Après l'arrestation du pape Sixte II, le préfet Valérien somma Laurent qui était trésorier de l'Église, de rassembler les biens de l'Église et de les lui livrer dans les trois jours. Sixte lui demanda, de sa prison, de distribuer aux pauvres les biens de l'Église. Laurent profita de cette liberté accordée, pour tout distribuer aux pauvres. Furieux, Valérien fit arrêter Laurent, et lui fit subir toutes sortes de tortures inutiles. L'ultime supplice, certainement légendaire d'après les historiens, consista à le faire griller sur un lit métallique. Le culte de saint Laurent fut exceptionnel. Il fut, dit-on, l'un des plus populaires martyrs romains. Il fut célébré dès le IVe siècle. Attributs et signes représentatifs : bourse, calice, croix processionnelle, dalmatique, gril, livre.

Le Martyre de saint Laurent (début XIXe) par Jean Bestieu, © M.b.a. de Béziers - Hérault.

Léonard (VIe siècle) : La Légende dorée rapporte qu'il délivra de ses souffrances la reine Clotilde lors d'un accouchement délicat. Clovis lui promit, afin de le remercier, de libérer tout prisonnier visité par lui. Aussi, tout prisonnier invoquant son nom, était délivré de ses chaînes et pouvait quitter sa prison sans que personne ne puisse le retenir. Parfois, le prisonnier rejoignait Léonard et restait avec lui. Cette tradition fait de Léonard le patron des femmes en mal d'enfant et des prisonniers. Attributs et signes représentatifs : cadenas, chaînes.

Saint-Louis (XIXᵉ), Cathédrale Notre-Dame-la-Grande, Poitiers - Vienne.

Louis IX de France (1214-1270) : Louis devint roi de France à la mort de son père Louis VIII en 1226. Louis reçut des mains de l'empereur Baudouin II de Constantinople la couronne d'épines et les reliques de la Sainte-Croix. La Sainte Chapelle, véritable châsse de verre, fut construite afin d'abriter ces saintes reliques. L'édifice fut commencé en 1241 et consacré en 1248. Le règne de Louis IX est marqué par l'ordre et la justice qui fit de lui le Justicier du chêne

Luca Giordano, Saint Luc peignant la Vierge (XVIIᵉ), © M.b.a. de Brest - Finistère.

de Vincennes. Les artistes se plaisent à le représenter rendant la justice sous un chêne à Vincennes. Louis IX meurt de la peste durant la VIIIe croisade en 1270, devant Tunis. Attributs et signes représentatifs : couronne royale, tunique à croix rouge, instruments de la Passion, lys, main de justice, sceptre.

Luc (Ier siècle) : Luc était médecin. « Luc, médecin, notre cher frère, et Damas vous saluent. » Luc fait partie des Évangélistes. Il est l'auteur du troisième Évangile. Dans le tétramorphe Luc est symbolisé par un taureau. Une légende du VIe siècle présente Luc comme le portraitiste de la Vierge. Attributs et signes représentatifs : bœuf, chevalet de peintre, instruments de chirurgien, livre, palette de peintre, peintre, pinceau, taureau ailé.

Lucie de Syracuse († en 304) : Lucie accompagna sa mère malade au tombeau de sainte Agathe. Grâce à un prodige, la mère de Lucie fut guérie. La jeune fille afin de remercier Dieu renonça à sa dot et demanda à ce qu'elle soit distribuée aux pauvres. Lucie fut dénoncée comme chrétienne par son fiancé et condamnée à être menée au Lupanar. On dit qu'elle se serait arraché les yeux et les aurait fait porter sur un plat à son fiancé. La Vierge lui aurait fait repousser des yeux encore plus beaux. Le nom de Lucie est associé à « lux », la lumière. Il la condamna alors à être conduite dans un lupanar pour y être violée, afin qu'elle perde le Saint-Esprit. Son corps s'immobilisa par un prodige. Aucun des débauchés convoqués ne purent l'approcher. La Légende dorée qui rapporte cette histoire, élabore le portrait de la bienheureuse vierge Lucie brillant de l'éclat de la virginité, sans la moindre souillure, malgré les épreuves. Après l'épreuve du lupanar et l'échec du bûcher, Lucie eut la gorge transpercée par une épée. Elle rendit l'âme quelques temps après avoir reçu la communion. Attributs et signes représentatifs : cierge, épée du martyre, lampe à huile, lanterne, plat avec deux yeux, yeux comme une fleur au bout d'une tige.

Saint Marc symbolisé par un lion dans le tétramorphe, Ottmarsheim - Haut-Rhin.

Marc (Ier siècle) : Marc fait partie des Évangélistes. Il est l'auteur du second Évangile. Dans le tétramorphe Marc est symbolisé par un lion. Attributs et signes représentatifs : lion ailé, livre.

Marguerite (IIIe siècle) : Marguerite qui ne voulait pas sacrifier aux dieux eut la peau arrachée par des peignes de fer, puis elle fut jetée en prison par le préfet Olibrius. Alors qu'elle priait Dieu dans son cachot et qu'elle lui demandait quel ennemi elle devait combattre, un dragon lui apparut et l'avala. Elle ressortit saine et sauve des entrailles du dragon grâce au signe de croix qu'elle exécuta. Dans ses représentations, Marguerite tient souvent une croix. Parfois le dragon se trouve sous les pieds de la sainte. Le diable vint une nouvelle fois à la rencontre de Marguerite afin de la tromper. Malgré sa forme humaine elle le reconnut et le jeta par terre sous elle et lui dit : « Sois écrasé, superbe démon, sous les pieds d'une femme ». Attributs et signes représentatifs : couronne d'épines, croix, dragon, homme sous les pieds, lance.

Marie (Ier siècle) : C'est durant l'épisode de l'Annonciation que Marie apprend par l'archange Gabriel qu'elle va mettre au monde un fils : « Ne craignez point, Marie ; car vous avez trouvé grâce devant Dieu [...] Vous concevrez dans votre sein, et vous enfanterez un fils [...] Il sera grand, et sera appelé le Fils du Très-Haut [...] Le Saint-Esprit surviendra en vous, et la vertu du Très-Haut vous couvrira de son ombre ; c'est pourquoi le fruit saint qui naîtra de vous, sera appelé le fils de Dieu. ». Il lui apprit également que sa cousine Élisabeth attendait un enfant malgré sa stérilité et son âge avancé.

L'Annonciation (XIXe), cathédrale de Versailles - Yvelines.

▪ Seul Luc relate la Nativité de façon précise sans pour autant faire mention de l'âne et du bœuf. La représentation de la naissance de Jésus est extrêmement populaire : « [Marie] enfanta son fils premier-né ; et l'ayant emmailloté, elle le coucha dans une crèche, parce qu'il n'y avait pas de place pour eux à l'hôtellerie. » La présence de l'âne et du bœuf s'expliquerait par l'Évangile apocryphe du Pseudo-Matthieu, inspiré d'un verset du Livre d'Isaïe : « Le bœuf connaît celui à qui il est, et l'âne, l'étable de son maître [...] ».

▪ Dans l'épisode de la Fuite en Égypte, qui se situe après la Nativité, un ange ordonna à Joseph de fuir en Égypte « car Hérode cherchera l'enfant pour le faire mourir. » Les artistes ont beaucoup exploité le thème, en joignant au groupe un âne conduit par Joseph et portant sur son dos, Marie et son enfant.

▪ Jean est le seul à raconter l'épisode des Noces de Cana. Jésus fut convié avec sa mère et ses disciples à des noces à Cana en Galilée. La mère de Jésus fit remarquer à son fils que le vin venait à manquer. Il fit remplir six grandes urnes de pierre d'eau et les fit porter au maître d'hôtel, qui goûta de ces urnes un vin merveilleux : l'eau s'était changée en vin. Ce fut selon Jean, le premier miracle de Jésus.

Vierge de pitié (XIXe), Anonyme, église Saint-Gervais-Saint-Protais - Paris.

l'Adoration des anges (1751), par Charles-André Van Loo, © M.b.a. de Brest - Finistère.

▪ La Vierge est effondrée après la mort de son fils. Elle est appelée Vierge des sept Douleurs. Les artistes la représentent les mains jointes avec de grosses larmes coulant sur ses joues. Ils la représentent également le cœur transpercé par un ou sept poignards, allusion à la prophétie de Siméon le jour de la Présentation au Temple. Les sept douleurs comptent : la Prophétie de Siméon ou la Circoncision selon les auteurs, la Fuite en Égypte, la perte de l'Enfant Jésus resté au milieu des Docteurs, le Portement de Croix, la Crucifixion, la Descente de Croix et la Mise au tombeau. Ces scènes sont parfois représentées dans des médaillons peints.

▪ Le Christ mort est représenté sur les genoux de sa mère après la Descente de la Croix. Il peut également être

Les Femmes au tombeau (XIIe), Mozac - Puy-de-Dôme.

représenté aux pieds de sa mère. On parle ici de Vierge de pitié.

▪ Selon l'Évangile de Matthieu « [...] Marie-Madeleine et une autre Marie vinrent pour voir le Sépulcre. » Selon l'Évangile de Marc « [...] Marie-Madeleine et Marie, mère de Jacques, et Salomé achetèrent des parfums, pour venir embaumer Jésus. » Selon l'Évangile de Luc « [Marie-Madeleine, Jeanne et Marie, mère de Jacques] vinrent au sépulcre de grand matin, apportant les parfums qu'elles avaient préparés. » Selon l'Évangile de Jean « [...] Marie-Madeleine vint dès le matin au sépulcre [...] » Cet épisode marque la Résurrection du Christ et la découverte par les saintes femmes du sépulcre vide. Généralement un ange est présent près du sépulcre, les femmes portent leurs vases à parfum et apprennent la nouvelle de la Résurrection.

▪ L'épisode de la mort de la Vierge (la Dormition) n'est pas raconté dans le Nouveau Testament. Cependant, par tradition, les artistes ont représenté la mort de la Vierge d'une manière généralement bien définie : La Vierge est étendue sur son lit où son âme se sépare de son corps, recueillie ensuite par le Christ. Il peut se tenir debout à côté du lit, ou planant au-dessus du lit accompagné par des anges.

L'Assomption (XIIIe), cathédrale de Chartres - Eure-et-Loir.

Le Couronnement de la Vierge (XIXe), cathédrale de Strasbourg - Bas-Rhin.

▪ L'Assomption de la Vierge, c'est-à-dire son élévation au ciel, n'apparaît vraiment qu'au Moyen Age. Aucun texte, sinon la confirmation de cette tradition par les docteurs de l'Église, ne viennent conforter cette représentation spectaculaire de la Vierge.

▪ Cette figuration de la Vierge reposant sur un croissant de lune représente l'Immaculée Conception. Ce qui signifie que la Vierge aurait été conçue sans péché. Elle descend du ciel sur la terre, afin de racheter la faute d'Ève. La Vierge est exempte par la grâce de Dieu du péché originel. L'Immaculée Conception a les yeux baissés vers la terre pour la différencier de la Vierge de l'Assomption qui monte vers le ciel.

▪ Le Couronnement de la Vierge est connu grâce à un récit apocryphe attribué à un évêque de Sardes (Asie Mineure). Le thème a été repris au VIe siècle par Grégoire de Tours, puis au XIIIe dans la Légende dorée. Cette scène se passe après l'Assomption et se déroule en un temps : le Christ, Dieu ou la Trinité couronne la Vierge qui reçoit la bénédiction.

Attributs et signes représentatifs : femme sur son lit de mort, âne, ange, homme mort sur les genoux, bœuf, couronne royale, enfant, épis de blé, étoile, debout au pied de la Croix, montant au ciel, larmes de douleur, livre, lune sous les pieds, repas de noce, poignards, vase à parfum, femme(s).

Marie l'Égyptienne (Ve siècle) : Marie l'Égyptienne se prostituait à Alexandrie avant de se convertir. Elle s'embarqua pour Jérusalem afin d'adorer la Sainte-Croix. Cependant une force surnaturelle la repoussait aux portes de l'église du Saint-Sépulcre. Alors qu'elle pleurait de remords, l'image de la Vierge lui apparut. Elle put enfin pénétrer dans l'église. Après avoir adoré la Sainte-Croix, une voix lui dit : « Si tu passes le Jourdain, tu seras sauvée ». Un inconnu lui donna trois pièces avec lesquelles elle acheta trois pains qui la nourrirent toute sa vie. Les trois pains sont généralement empilés. Les artistes la montrent parfois plongeant sa chevelure dans le fleuve. Après avoir été purifiée par l'eau du Jourdain, elle se retira au désert où son épaisse chevelure la protégea de la nudité car ses vêtements tombaient en lambeaux. L'abbé Zozime la rencontra dans son désert et lui donna son manteau. Il revint l'année suivante à la demande de Marie l'Égyptienne, mais il la trouva morte. Vieux et fatigué il demanda à un lion qui venait vers lui de l'aider à creuser la terre afin d'inhumer le corps. Attributs et signes représentatifs : cheveux longs, crâne, lion, pains.

Apparition du Christ à sainte Madeleine (XVe), par Giovani Massone, © M.b.a. et de la Dentelle d'Alençon - Orne.

Sainte Marie l'Égyptienne, église Santa Casa da Misericordia, Évora - Portugal.

Marie-Madeleine (Ier siècle) : Marie-Madeleine vint un matin au Sépulcre et vit que la pierre fermant l'entrée avait été ôtée. Elle crut que l'on avait enlevé le corps du Christ et se mit à pleurer. Après un premier contact avec deux anges, le Christ, qu'elle prit pour le gardien du jardin lui apparut et lui dit :

« Ne me touchez pas (Noli me tangere), car je ne suis pas encore monté vers mon Père ; mais allez trouver mes frères, et dites leur de ma part : Je monte vers mon Père, vers mon Dieu et votre Dieu. » Marie-Madeleine se retira dans le désert et vécut trente ans dans une grotte, nourrie de ses prières. La beauté de Marie-Madeleine est représentée par une très belle chevelure. Un miroir, un crâne ainsi que la couronne d'épines faisaient partie de son univers contemplatif. Attributs et signes représentatifs : barque, bêche à manche crucifère, cheveux longs, Christ, couronne d'épines, crâne, miroir.

Marthe († v. 80) : Les artistes représentent Marthe avec un trousseau de clefs à la ceinture. Elle était une riche hôtelière et elle possédait trois châteaux. On sait également qu'elle reçut Jésus chez elle, qui pour la remercier lui dit lors d'une dernière apparition : « Vous m'avez reçu dans votre maison, et moi je vous recevrai dans mon paradis [...] ». Doit-on y voir un parallèle avec les clefs du paradis ?
Selon la Légende dorée, il y avait sur les rives du Rhône, dans un bois entre Arles et Avignon, un dragon nommé Tarasque qui se cachait dans le fleuve. Il était le croisement d'un serpent très féroce appelé Léviathan et d'un animal appelé Onachum. Il détruisait les navires et tuait les voyageurs. Marthe fut envoyée à la demande du peuple pour le combattre. Elle jeta sur lui de l'eau bénite et lui montra une croix. Aussitôt l'animal fut maîtrisé et mis à mort par le peuple. « Six jours avant la Pâque, Jésus vint à Béthanie, où il avait ressuscité Lazare d'entre les morts. On lui apprêta là à souper ; Marthe servait [...] ». Marthe, qui était de race royale, incarne ici l'humilité en servant son hôte. Attributs et signes représentatifs : balai, clef, cuillère à pot, dragon, goupillon, quenouille.

Martin de Tours (v. 315-397) : Martin s'engagea très jeune dans l'armée romaine. C'est en hiver 337 à Amiens que Martin, monté sur un cheval, donna la moitié de son manteau à un pauvre ; l'autre moitié appartenait selon la tradition à l'armée romaine. La nuit suivante, le Christ vêtu de la moitié du manteau apparut en songe à Martin et le remercia. Ce geste de charité et cette vision divine l'amena à quitter l'armée quelques années plus tard afin de rejoin-

Saint Martin donnant la moitié de son manteau. Saint-Nicolas-de-Port - Lorraine.

dre saint Hilaire l'évêque de Poitiers. Martin fonda le monastère de Ligugé en Poitou et fut élu évêque de Tours en 370. Attributs et signes représentatifs : armure, chape, cheval, crosse d'évêque, épée, manteau coupé en deux, oie.

Matthias - Apôtre (Ier siècle) : Après avoir évangélisé la Judée, l'Apôtre aurait été décapité d'un coup de hache, devant le Temple de Jérusalem. Une hallebarde, une lance ou une épée remplacent parfois l'instrument de son martyre. Attributs et signes représentatifs : épée du martyre, hache du martyre, hallebarde.

Saint Matthieu (XVIe), Trésor de la basilique, Sainte-Anne-d'Auray - Morbihan.

Saint Michel terrassant le dragon (XVIIe), église de Guimiliau - Finistère.

Matthieu - Apôtre (Ier siècle) : Matthieu exerçait le métier de collecteur d'impôts à Capharnaüm avant de rejoindre les Apôtres et Jésus. Matthieu fait partie des Évangélistes. Il est l'auteur du premier Évangile. Dans le tétramorphe Matthieu est symbolisé par un ange. Attributs et signes représentatifs : anges, bourse, épée du martyre, livre.

Maurice (IIIe siècle) : Maurice était originaire de l'Égypte chrétienne. Il est généralement représenté sous les traits d'un homme noir. Chef de la légion romaine, il refusa avec ses compagnons d'attaquer les rebelles gaulois près d'Agaune dans les Alpes suisses. L'empereur Maximien Hercule qui conduisait les troupes ordonna l'exécution des légionnaires chrétiens. Cet épisode est aussi connu sous le nom des martyrs de la légion thébaine. Attributs et signes représentatifs : armure, bannière blanche à croix rouge, étendard, lance de chevalier, homme noir.

Michel : L'archange est représenté terrassant le dragon de l'Apocalypse avec sa lance ou son épée. Cette force démoniaque représente l'Antéchrist ou Satan qui est l'adversaire du Christ. Lors du Jugement dernier, L'archange Michel pèse les âmes sur sa balance. C'est à ce moment que le groupe des élus est conduit vers le paradis et celui des damnés, vers l'enfer. Attributs et signes représentatifs : ailes, armure, balance, dragon, épée, étendard, lance de chevalier.

Nicolas (v. 270-v. 343) : Nicolas était évêque de Myre en Anatolie. Plusieurs légendes sont associées à Nicolas : Ruiné, un noble projeta de prostituer ses trois filles qu'il ne pouvait marier faute d'argent. En guise de dot, Nicolas offrit une bourse d'or à chacune d'elles. Nicolas ressuscita trois enfants qui avaient été découpés en morceaux et salés dans un tonneau par un aubergiste. Une légende rapporte que Nicolas a sauvé et multiplié des sacs de blé tombés à la mer, préservant ainsi sa ville de la famine. Attributs et signes représentatifs : ancre, barque, bourse, crosse d'évêque, pains.

Norbert (v. 1080-1134) : La Vierge lui aurait dicté dans une apparition la Règle de son Ordre (Prémontré). Elle lui aurait remis également un scapulaire (habit de moine possédant un capuchon et deux pièces d'étoffe rectangulaires. Il couvre les épaules et retombe sur le dos et sur la poitrine jusqu'aux pieds). Le saint défendit un ostensoir contenant le saint sacrement contre les attaques de Tanchelin. Norbert aurait avalé une araignée venimeuse tombée dans son calice pendant qu'il célébrait une messe dans une crypte. Attributs et signes représentatifs : araignée dans un calice, calice, ostensoir, scapulaire.

Saint Norbert, église de Paimpol (XVIIe) - Côtes-d'Armor.

Odile († en 720) : Odile était la fille d'un duc alsacien. Les parements d'hermine rappellent son ascendance royale. Odile naquit aveugle. Elle fut rejetée par ses parents et fut confiée à une servante qui la conduisit dans un monastère. L'évêque Erhard de Bavière, averti par Dieu, vint baptiser l'enfant et lui donna le nom d'Odile. Aussitôt baptisée, les yeux de l'enfant s'ouvrirent à la lumière. L'un de ses attributs, le coq, annonce par son chant, le triomphe de la lumière du jour sur les ténèbres de la nuit. Il arrive parfois que la scène de l'ange extirpant le père d'Odile des flammes du purgatoire, soit représentée par les artistes. C'est grâce aux prières de la sainte que ce prodige fut possible. Elle gouvernait le monastère de Hohenburg fondé par son père situé sur le Mont-Sainte-Odile en Alsace. Attributs et signes représentatifs : calice, coq, crosse d'abbé, flammes, hermines, yeux posés sur un livre.

Vie de Sainte Odile et de sainte Attale (milieu du XVe siècle). détail, Tapisserie de l'abbaye Saint-Étienne de Strasbourg, © Musée de l'Œuvre Notre-Dame de Strasbourg - Bas-Rhin.

Patrick d'Irlande (v. 390-463) : La vie de Patrick est mal connue. Il fut l'un des premiers chrétiens à évangéliser l'Irlande. Il aurait chassé, grâce à un bâton, des serpents qui infestaient l'Irlande. Patrick se servait dit-on du trèfle, pour enseigner le mystère de la trinité aux Irlandais. Le trèfle est aujourd'hui l'emblème de l'Irlande. On le représente en évêque. Attributs et signes représentatifs : crosse d'évêque, mitre, serpents, trèfle.

Paul (v. 10-64) : Paul, qui s'appelait à l'origine Saul, fut converti au christianisme alors qu'il se rendait à cheval dans la ville de Damas. « Il fut tout d'un coup environné et frappé d'une lumière du ciel. Et tombant par terre, il entendit une voix qui lui disait Saul, Saul, pourquoi me persécutez-vous ? ». Cette rencontre avec Dieu décida de sa conversion. C'est à Damas qu'il reçut le baptême et devint à ce moment l'un des plus grands défenseurs de la religion chrétienne. Paul fut décapité. Les

La Convertion de saint Paul (XVIIe),
église de Lampaul-Guimiliau - Finistère.

trois rebonds de la tête du saint auraient fait jaillir trois sources. Après la décollation, les trois rebonds de la tête de saint Paul aurait fait jaillir trois fontaines. Paul est l'auteur des Épîtres. Attributs et signes représentatifs : cheval, épée du martyre, trois fontaines, rouleau (parchemin), serpent.

Paul Ermite (229-342) : Un corbeau apportait chaque jour une ration de pain à Paul Ermite. Antoine resta quelques temps avec Paul, heureux d'avoir rencontré le premier ermite. Lorsqu'il décida de rentrer, il vit des anges qui portaient l'âme de son hôte. Il s'empressa aussitôt de retourner vers son ami qu'il retrouva en prière comme s'il était vivant. Pour l'inhumation Antoine fut aidé par deux lions qui creusèrent une fosse avant de retourner dans la forêt. Paul Ermite portait une tunique tissée avec des feuilles de palmier. A sa mort Antoine prit cette tunique qu'il revêtait les jours importants. Attributs et signes représentatifs : corbeau, lions, pain, tunique en feuilles de palmier.

Philippe - Apôtre (Ier siècle) : Une foule immense suivait Jésus parce qu'il accomplissait de nombreux miracles. Or, le problème se posait de nourrir tous ces gens arrêtés au bord du lac de Tibériade. Philippe inquiet dit à Jésus : « Quand on aurait pour deux cents deniers de pain, cela ne suffirait pas pour en don-

Saint Antoine le Grand et Paul Ermite,
Retable d'Issenheim (1512-1516), Musée
Unterlinden à Colmar - Haut-Rhin.

ner à chacun tant soit peu. » Jésus prit pourtant les cinq pains d'un petit garçon, ainsi que ses deux poissons et les distribua à ceux qui le suivaient, autant qu'ils en voulaient. Les romains forcèrent Philippe à sacrifier à une statue de Mars.

La Légende dorée raconte qu'aussitôt un dragon surgit de dessous le piédestal et tua le fils du pontife ainsi que les deux soldats qui le retenaient par des chaînes. Les autres furent empoisonnés par le souffle du dragon. Pris de compassion pour les victimes, Philippe guérit les malades et ressuscita les trois morts. Il ordonna ensuite au dragon de descendre au désert afin qu'il ne puisse plus nuire et fit briser la statue de Mars. Philippe aurait été crucifié comme Pierre la tête en bas. Attributs et signes représentatifs : croix en forme de T, croix renversée, dragon.

Le Martyre de saint Pierre (XVIIe), anonyme, © Musée d'Art et d'Histoire, Donation Maurice Jardot, Belfort - Territoire de Belfort.

Pierre - Apôtre († v. 65) : Pierre exerçait la profession de pêcheur avec son frère André sur le lac de Tibériade. Ils sont les deux premiers Apôtres appelés par Jésus. Pierre qui s'appelait Simon avant de rencontrer Jésus y reconnut en lui le Fils de Dieu et le nomma : « Vous êtes le Christ, Fils du Dieu vivant ». Jésus à son tour lui donna un nom et lui répondit : « Vous êtes Pierre, et sur cette pierre je bâtirai mon Église [...] et je vous donnerai les clefs du Royaume des cieux. » Pierre est représenté soit avec une clef ou plus traditionnellement, deux clefs : celle du ciel et celle de la terre. Les clefs sont également liées ensemble, car le pouvoir d'ouvrir et de fermer est un. Avant que Jésus ne soit arrêté, il prédit à Pierre qu'il le renierait trois fois, après son arrestation, avant que le coq ne chante. Pierre fut abordé par une servante, alors que les soldats frappaient le Christ. Elle lui demanda : « [...] Vous étiez aussi avec Jésus de Galilée. Mais il le nia devant tout le monde, en disant : je ne sais ce que vous dites. » Une nuit, les Apôtres furent pris dans une tempête en mer. Jésus, resté seul à terre vint à leur rencontre en marchant sur la mer. Ils le prirent au début pour un fantôme, mais Jésus les rassura, monta dans la barque et les ramena sur la terre ferme. Matthieu raconte que Pierre, afin de s'assurer que ce fantôme était bien Jésus, demanda : « Seigneur, si c'est vous, commandez que j'aille à vous en marchant sur les eaux. Jésus lui dit : Venez. Et Pierre, descendant de la barque, marchait sur l'eau pour aller trouver Jésus. »

La tradition rapporte que Pierre s'est installé à Rome en 44 où il prêchait l'Évangile et organisait l'Église romaine avec Paul. Sa relation privilégiée avec le Christ fit de lui le chef de l'Église. Saint Pierre qui passe pour être le pre-

Le Reniement de saint Pierre (XVIIe), Georges de la Tour,

mier évêque de Rome est représenté souvent habillé en pape. Rappelons que le titre de pape est réservé aujourd'hui encore, à l'évêque de Rome. Pierre demanda à être crucifié la tête en bas, se jugeant indigne de mourir de la même manière que le Christ. La tradition situe son martyre sur la colline du Vatican. Cependant, les historiens contestent l'épisode de la crucifixion. Attributs et signes représentatifs : barque, centurions, chaînes, clefs, coq, croix pontificale, filet de pêcheur, homme marchant sur l'eau, Jardin des Oliviers, poissons, tiare pontificale, Transfiguration.

Rémi (v. 436-533) : Rémi était évêque de Reims à partir de 459. Il baptisa en 496 Clovis, le roi des Francs, avec une ampoule d'huile sainte que la colombe du Saint-Esprit lui avait apportée. Attributs et signes représentatifs : ampoule d'huile portée par une colombe, crosse d'évêque, mitre.

Roch (v. 1350-1380) : Roch passa la majeure partie de sa vie sur les routes de pèlerinage. Roch attrapa la peste sur le chemin qui le ramenait du pèlerinage qu'il avait accompli à Rome. A son retour il se retira dans la forêt pour

Saint Roch (XVIe), Trésor de la basilique, Sainte-Anne-d'Auray - Morbihan.

ne pas répandre sa maladie. Un ange envoyé à Roch par Dieu, soigna le bubon de peste du saint. Il fut nourri par le chien d'un seigneur, qui dérobait chaque jour à son maître un pain. Attributs et signes représentatifs : ange soignant un bubon de peste, bâton de pèlerin, bubon de peste, chapeau large à coquille, chien, coquille, gourde de pèlerin, panetière de pèlerin.

Sébastien († v. 288) : Sébastien était commandant de la garde prétorienne sous Dioclétien. Chrétien, il fut ligoté à un arbre et exécuté par deux archers de l'armée. Sébastien fut soigné de ses blessures par Irène, la veuve du martyr Castulus. Guéri de ses blessures, il défia l'empereur qui le fit lapider. Sébastien était commandant de la garde prétorienne sous Dioclétien. Attributs et signes représentatifs : arc, armure, flèches.

Simon - Apôtre (Ier siècle) : Simon prêcha l'Évangile en Perse avec Jude Thaddée. Simon et Jude Thaddée furent égorgés après avoir fait briser par un pro-

Saint Simon apôtre (XVIIe), par Simon Vouet, © M.b.a. de Nantes - Loire-Atlantique.

Sainte Irène soignant saint Sébastien, par Alessandro Rosi, © M.b.a. de Brest - Finistère.

dige les idoles d'un temple. Lors de son martyre, ses bourreaux lui découpèrent la poitrine avec une scie. Attributs et signes représentatifs : barque, épée du martyre, livre, scie.

Sophie : Sophie est une allégorie du Christ. Elle porte à ce titre les attributs royaux. Sophie était la mère de trois filles : Foi, Espérance et Charité. On voit dans la légende de Sophie une allégorie de la Sagesse divine et du Christ. Sophie et ses trois filles auraient été martyrisées durant la persécution d'Hadrien. Les artistes la représentent souvent accompagnée de ses trois filles munies de l'instrument de leur martyre. Attributs et signes représentatifs : couronne gemmée, couronne triple, sceptre.

Thérèse de Lisieux (1873-1897) : Thérèse Martin entra à 15 ans au Carmel de Lisieux. Elle mourut 9 ans plus tard, en 1897. Elle nous a laissé ses mémoires, *Histoire d'une âme*, parut pour la première fois en 1898. Elle disait qu'après sa mort elle ferait pleuvoir des roses (sous-entendu des grâces du Ciel). Les artistes la représentent en Carmélite, tenant dans ses bras un crucifix et un bouquet de roses. Attributs et signes représentatifs : croix et roses.

Thomas - Apôtre (Ier siècle) : Thomas n'était pas là, lorsque le Christ apparut à Marie-Madeleine et aux Apôtres. Il refusait de croire à la Résurrection de Jésus et dit : « Si je ne vois dans ses mains la marque des clous qui les ont percées, et si je ne mets mon doigt dans le trou des clous, et ma main dans la plaie de son côté, je ne le croirai point ». Lorsque le Christ réapparut huit jours après aux Apôtres, Thomas put enfin le voir et le toucher. Thomas refusait de croire à l'Assomption de la Vierge. Il fit ouvrir son tombeau et le trouva rempli de fleurs. A ce moment la Vierge fit tomber du ciel sa ceinture, que Thomas reçu entre les mains. Cet épisode situé en Toscane, fait partie de la légende construite autour de l'incrédulité de Thomas. Selon une tradition légendaire diffusée par la Légende dorée, le roi des Indes, Gondoforus, envoya son ministre Abanès trouver un architecte capable de lui construire un superbe palais. Dieu incita Thomas à s'y rendre afin de convertir les Indiens. Thomas traça un merveilleux plan pour un palais magnifique puis distribua aux pauvres l'argent qui devait servir à la construction pendant l'absence du roi. A son retour le roi le jeta en prison. Sur ces faits malheureux, le frère du roi rendit l'âme et revint à la vie le quatrième jour. Il raconta ce qu'il avait vu dans l'au-delà : un « palais merveilleux » orné d'or, d'argent et de pierres précieuses, destiné au roi qui lui pardonna. Le roi de Gundaphorus condamna Thomas à une série de supplices dont il se sortit vainqueur. Il fut tué d'un coup de lance. Attributs et signes représentatifs : ceinture de la Vierge-Marie, Christ, équerre d'architecte, lance du martyre, outils.

Vie de saint Thomas (XIIIe),
cathédrale de Bourges - Cher.

Valentin († en 273) : Valentin est parfois accompagné d'une banderole le désignant comme prêtre. Patron des amoureux, il est fêté au moment où débute la pariade des oiseaux. Attributs et signes représentatifs : banderole, livre.

Véronique (Ier siècle) : Véronique s'émut de compassion lorsqu'elle vit le Christ s'écrouler sous le poids de sa Croix sur le chemin du Calvaire. Elle se fraya un passage dans la foule et essuya le visage du Christ, couvert de sueur et du sang s'écoulant des blessures de sa couronne d'épines. Le linge dont elle se servit garda l'empreinte du

Sainte Véronique (XIIIe),
église d'Écouis - Eure.

visage du Christ. Le nom de Véronique viendrait d'une expression mi-grecque, mi-latine « vera icona » qui signifie véritable image. Selon les historiens cet épisode serait légendaire et servirait de prétexte à la relique conservée dès le VIIIe siècle dans l'église Saint-Pierre de Rome. Le nom de Véronique aurait été donné à la femme de cette légende. Le voile de Véronique n'est pas à confondre avec le « suaire qu'on avait mis sur la tête du Christ » dont parle Jean dans son Évangile. Attributs et signes représentatifs : instruments de la Passion, turban, voile avec le portrait du Christ.

Vincent de Paul (1581-1660) : Vincent de Paul est le fondateur des Prêtres de la Mission (Lazariste) et des Filles de la Charité à qui il confiait les enfants abandonnés qu'il recueillait. Attribut et signe représentatif : enfants.

Vincent de Saragosse († en 304) : Vincent était le diacre de l'évêque Valère de Saragosse. Vincent et Valère furent arrêtés par le gouverneur d'Espagne Dacien. Valère fut banni. Vincent fut attaché sur un chevalet afin de subir les supplices les plus cruels. Après avoir subi le supplice du chevalet, Vincent fut exposé dans un lieu abandonné où un corbeau le sauva des bêtes féroces. Les bourreaux de Vincent le firent rôtir sur un gril après lui avoir arraché le corps avec des crochets de fer. L'un des supplices du saint fut d'être jeté à la mer, une pierre de

Saint Vincent de Paul (XIXe),
église Saint-Séverin - Paris.

Saint Yves entre le riche et le pauvre (XVIIe), église de Guimiliau - Finistère.

meule au cou. Il fut miraculeusement ramené au rivage sain et sauf. Vincent est le patron des vignerons et des marchands de vin. Rien, selon Louis Réau, ne justifie ce patronage sinon, comme le souligne P. Cahier, un calembour sur le nom de Vincent. La première syllabe du prénom du saint est vin et la seconde sang. On parle ici du vin-sang de la vigne.

Attributs et signes représentatifs : chevalet du supplice, corbeau, dalmatique, grappe de raisin, gril, intestins, peigne(s) à carder, pierre de meule, serpette de vigneron, vigne.

Yves de Tréguier (1263-1303) : Il était juge à la cour de justice ecclésiastique de Rennes. Consacré prêtre par l'évêque de Tréguier en 1284, il consacra sa vie aux pauvres et aux innocents. Yves étudia le droit à Paris et à Orléans. Il est connu pour avoir défendu aussi bien les pauvres que les riches. Il est représenté en robe d'avocat, coiffé d'une barrette romaine avec à la main, une sacoche contenant une bible ou des registres de procès. Il est représenté rendant justice entre le riche et le pauvre. Attributs et signes représentatifs : barrette noire romaine, habit d'avocat, sacoche.

Index des attributs et signes représentatifs

En vignette : Saint Antoine (XVIe), église de Locronan - Finistère.

Ce Mémo *Les saints et leurs attributs* est un aide mémoire. Vous y trouverez les attributs et les saints les plus courants. L'auteur vous conseille, si vous souhaitez en savoir plus, de vous orienter vers *Reconnaître les saints et les personnages de la Bible* (éd. Gisserot) qui explique plus précisément l'origine des attributs choisis par les artistes.

Vierge des sept Douleurs - Versailles.

Marie l'Égyptienne - Paris.

Saint Étienne - cath. de Toulouse.

Table des matières
et panthéon des saints

En vignette : « Le Lavement des pieds », Retable de la Passion (XVIIe), église de Lampaul-Guimiliau - Finistère.

Table des matières

Le panthéon des saints

Les Apôtres

Les Apôtres sont au nombre de douze. Jésus les a appelés, formés et envoyés annoncer son message. Simon Pierre, que Jésus appelera Pierre, fut nommé le premier. Viennent ensuite, André, le frère de Pierre ; Jacques, dit le Majeur ; Jean, Philippe ; Barthélemy ; Matthieu ; Jacques, dit le Mineur ; Jude, appelé également Jude Thaddée ; Simon, dit le zélote et Judas Iscariote. Judas est remplacé par Matthias après son suicide.

Les Docteurs de l'Église

Ce titre désigne les écrivains ecclésiastiques importants. Ambroise, Augustin, Grégoire, Jérôme, Thomas d'Aquin, Bonaventure, Bernard, Thérèse d'Avila et Thérèse de Lisieux ont été désignés Docteur de l'Église.

Les Évangélistes

Matthieu et Jean font partie des douze Apôtres. Marc et Luc, contrairement aux deux autres n'ont pas connu Jésus et ont écrit leur Évangile dans la seconde moitié du Ier siècle. Dans l'antiquité tardive les Évangélistes sont identifiés par leur nom. Les symboles apparaissent à partir du Ve siècle : l'homme ou l'ange pour Matthieu, l'aigle pour Jean, le lion pour Marc et le taureau ou le bœuf pour Luc. Cette représentation a deux sources : la vision d'Ézéchiel et l'Apocalypse.

La Sainte Famille

La sainte Famille est composée de Marie, Joseph de Nazareth, l'Enfant Jésus. Elle peut être complétée par Élisabeth, Zacharie et Jean-Baptiste enfant.

L'auteur remercie une nouvelle fois Claudine Prat pour son aide précieuse.

Ce livre est dédié à l'abbé Michel Fleury.